Ferdinand Beyer
Escola Preparatória de Piano
Op. 101

PARA PIANO

Nº Cat.: 16-M

Irmãos Vitale Editores Ltda.
vitale.com.br
Rua Raposo Tavares, 85 São Paulo SP
CEP: 04704-110 editora@vitale.com.br Tel.: 11 5081-9499

© Copyright 1943 by Irmãos Vitale Editores Ltda. - São Paulo - Rio de Janeiro - Brasil.
Todos os direitos autorais reservados para todos os países. *All rights reserved.*

CIP-BRASIL. CATALOGAÇÃO NA FONTE
SINDICATO NACIONAL DOS EDITORES DE LIVROS - RJ.

B468e
4.ed.
Beyer, Ferdinand, 1803-1863
Escola preparatória de piano : Op. 101
/ Ferdinand Beyer ; tradução, notas e adaptação de Miguel Izzo. - 4.ed.
- São Paulo : Irmãos Vitale, 2008.
160p.

ISBN nº 85-7407-102-1
ISBN nº 978-85-7407-102-2

    1. Piano - Instrução e estudo.

    2. Música para piano - Partituras.

        I. Título.

08-1403.   CDD: 786.21
                                                                                                     CDU: 786.2

FERDINAND BEYER
Escola Preparatória de Piano
Op. 101

Tradução, notas e adaptação de
MIGUEL IZZO

(OBRA ADOTADA NO CONSERVATÓRIO DRAMÁTICO E MUSICAL DE SÃO PAULO)

NOÇÕES DE MÚSICA

Pauta musical ou Pentagrama (A pauta musical é um conjunto de cinco linhas e quatro espaços. Para se escrever todos os sons musicais não é suficiente esta pauta por isso usam-se as linhas SUPLEMENTARES ou ADICIONAIS que não têm numero limitado como o PENTAGRAMA.)

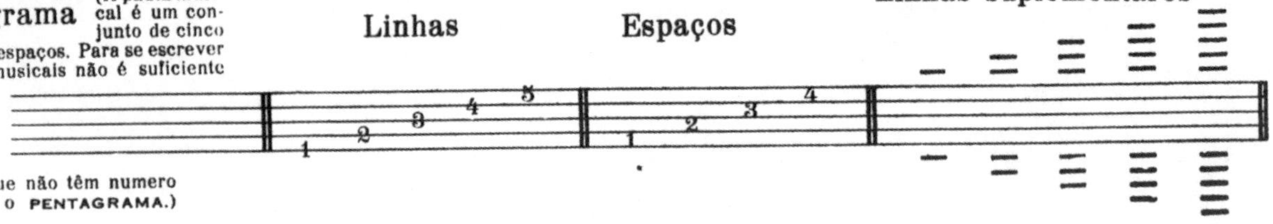

Linhas   Espaços   Linhas suplementares

Clave de Sol — Sol

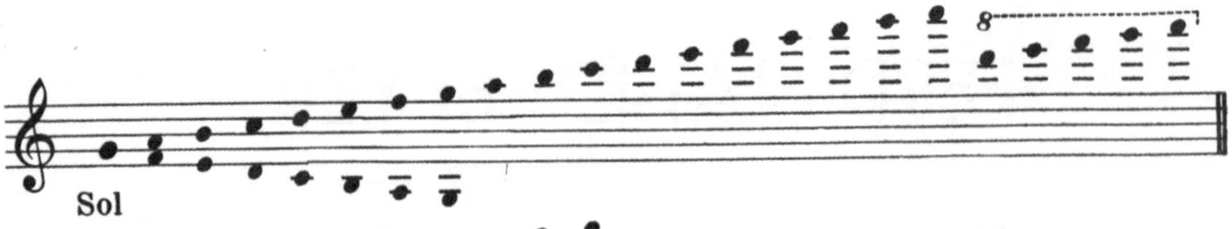

Clave de Fa — Fa

Notas colocadas nas linhas — mi sol si ré fa

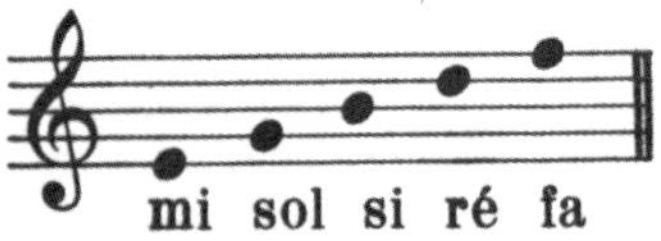

Notas colocadas nos espaços — fa la do mi

Notas colocadas fora da pauta — sol / ré

Notas colocadas nas linhas suplementares — do la fa / la do mi sol

Notas colocadas nos espaços suplementares — si sol mi / si ré fa la

Notas na clave de Fa — sol si ré fa la | la do mi sol | si / fa | mi do la fa / do mi sol | ré si sol / ré fa la

Para aprender facilmente os nomes das notas, o aluno deve saber corretamente a escala musical: dó ré mi fa sol la si, antes na ordem sucessiva, depois em terças: dó mi sol si ré fa la dó, tanto subindo como descendo, e aplicar estas notas nas teclas correspondentes do piano.

Intervalos — Segunda, Terça, Quarta, Quinta, Sexta, Sétima, Oitava, Nona, Decima, Decima-primeira, Decima-segunda etc.

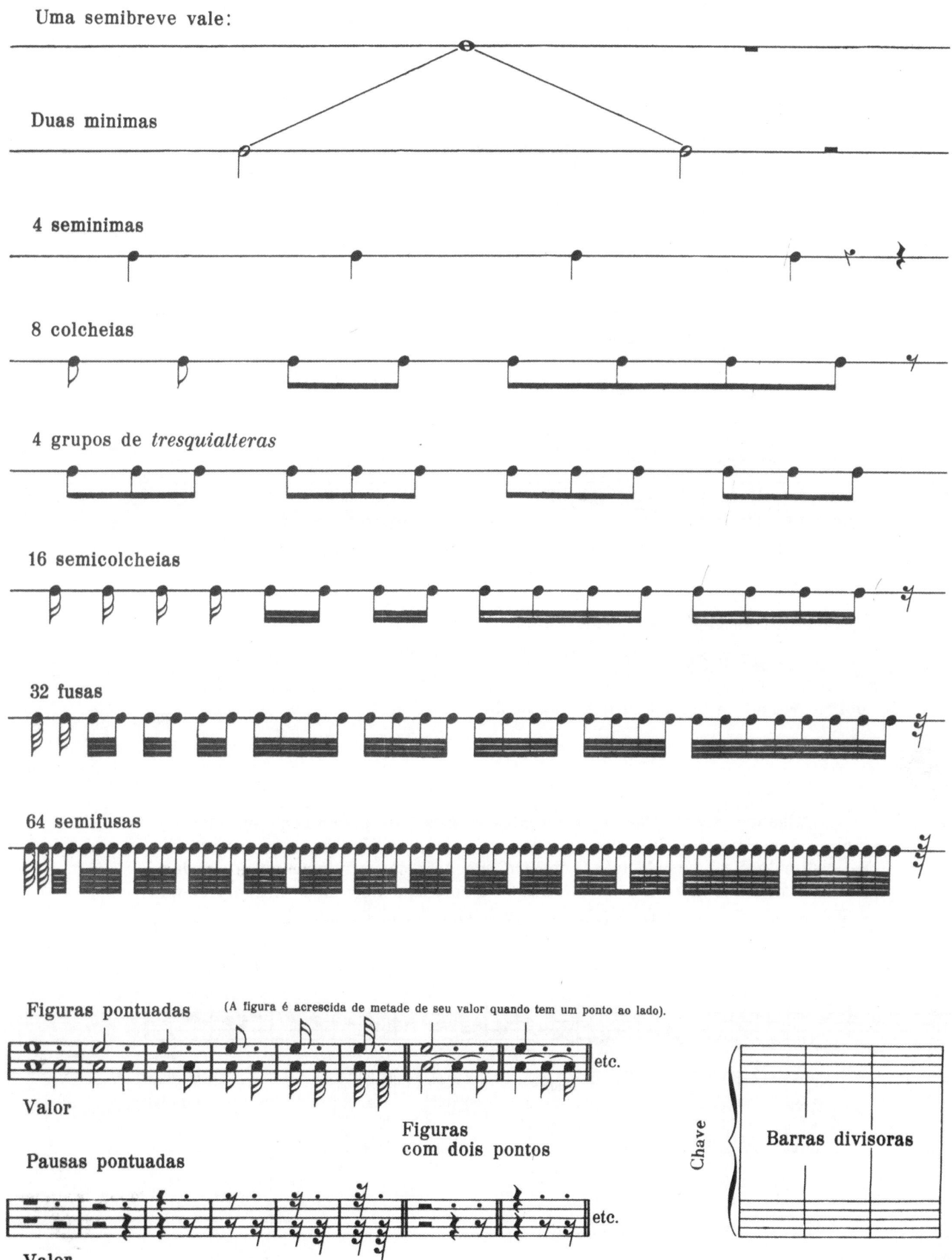

Compasso é a divisão simetrica dos valores musicais, são separados um do outro por linhas verticais chamadas *linhas divisoras* ou *barras divisoras*. Cada compasso deve conter o mesmo número de tempos. A divisão do compasso é indicada no começo da pauta e depois da clave, por números sobrepostos. O número superior indica a quantidade de tempos e o inferior quais as figuras que devem compor cada tempo. São chamados simples os compassos indicados com os números 2, 3 e 4; compostos com os números 6, 9 e 12. Os números inferiores mais usados são: 2 ♩, 4 ♩, 8 ♪.

C Compasso quáternario simples

2/4 Compasso binário simples (dois quartos)

3/4 Compasso ternário simples (tres quartos)

6/8 Compasso binário composto (seis oitavos)

3/8 Compasso ternário simples (tres oitavos)

9/8 Compasso ternário composto (nove oitavos)

Sinais de alteração

Os sinais de alteração servem para elevar ou abaixar a altura das notas. O *sustenido* ♯, eleva a nota natural de um semitono; o *bemól* ♭, abaixa de meio tono e o *bequadro* ♮ anula o efeito do sustenido ou bemól. Estes sinais são empregados de dois modos: no começo de um trecho musical logo depois da clave ou no decurso do mesmo antes das notas. No primeiro caso são chamados *fixos*, seu efeito atinge todas as notas do mesmo nome e em todo o trecho. No segundo caso são chamados *ocorrentes* e seu efeito atinge somente as notas do mesmo nome que estiverem no mesmo compasso.

♯ Sustenido ♭ Bemól ♮ Bequadro

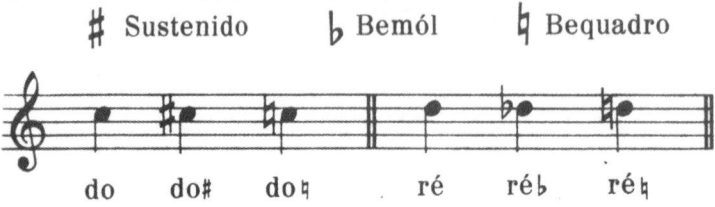

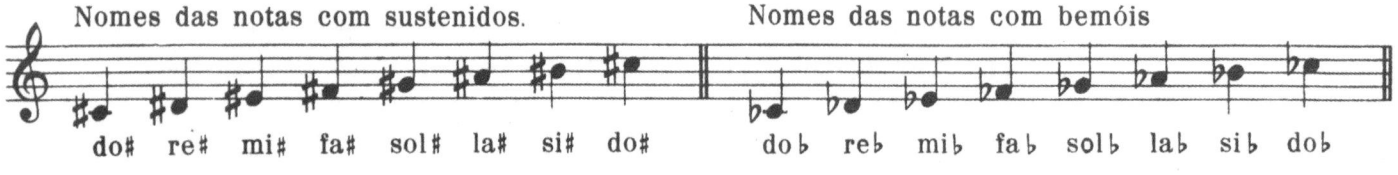

Quando duas notas de diferentes nomes são executadas na mesma tecla, tomam o nome de *enharmônico*, por exemplo: dó sustenido e ré bemól, ré sustenido e mi bemól etc. O mesmo sucede com os intervalos e acordes enharmônicos, tomam nomes diferentes e correspondem aos mesmos sons, como os acordes de do♯, mi♯, sol♯ e ré bemól, fa, la bemól.

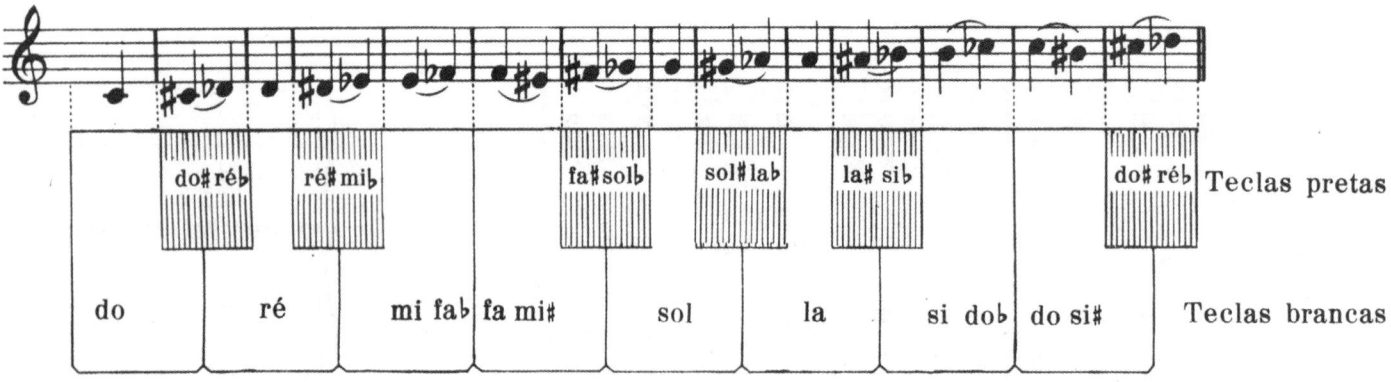

O TECLADO DO PIANO COM 7 OITAVAS

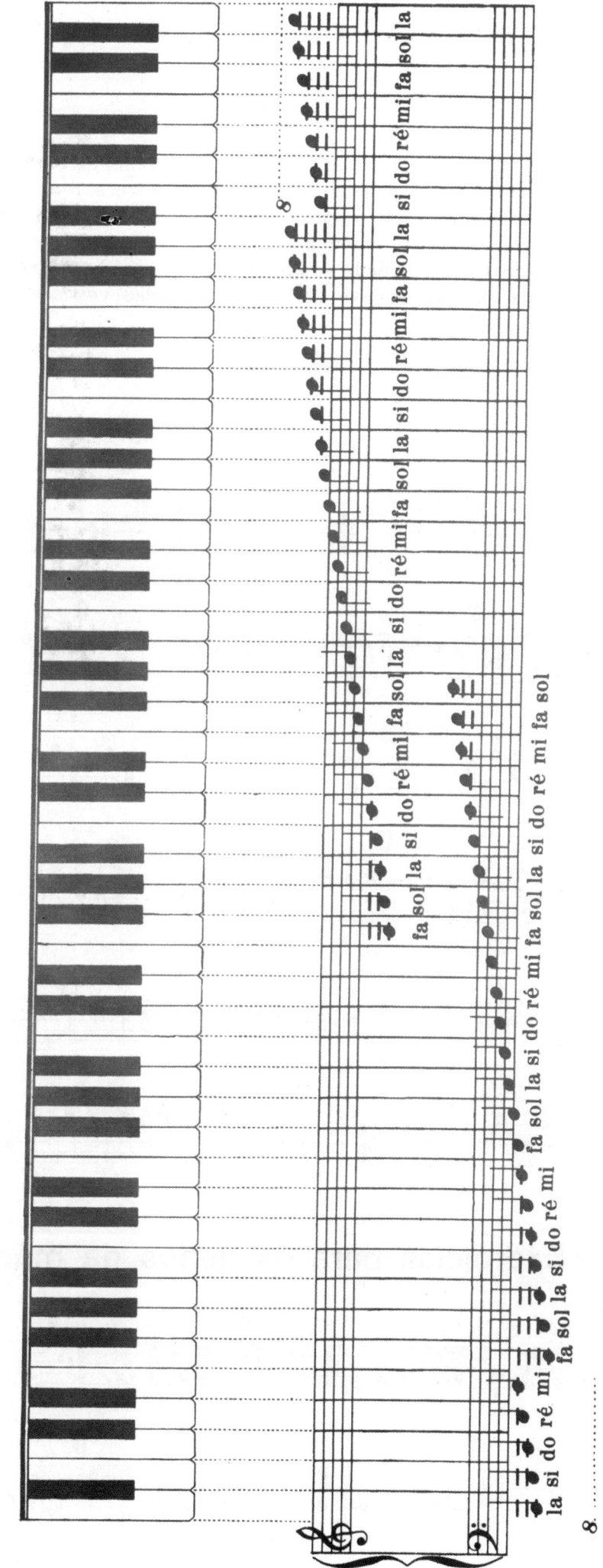

Exercícios para os dedos da mão direita

Cada dedo deve ser levantado no momento exato quando o seguinte abaixar a tecla. A articulação dos dedos deve ser feita com igualdade, firmeza e em andamento vagoroso. Não deve-se ferir as teclas com muita força, pois do contrário, habitua-se os dedos e a mão áquela contração muscular resultando daí sonoridade sempre pesada, dura e desagradável. Cada número destes exercícios deve ser repetido tantas vezes até o aluno conseguir firmeza absoluta.

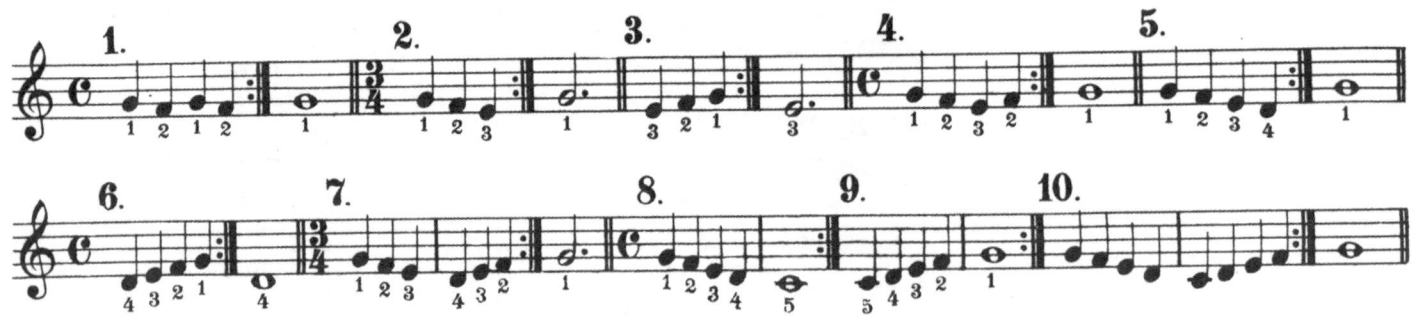

Exercícios para os dedos da mão esquerda

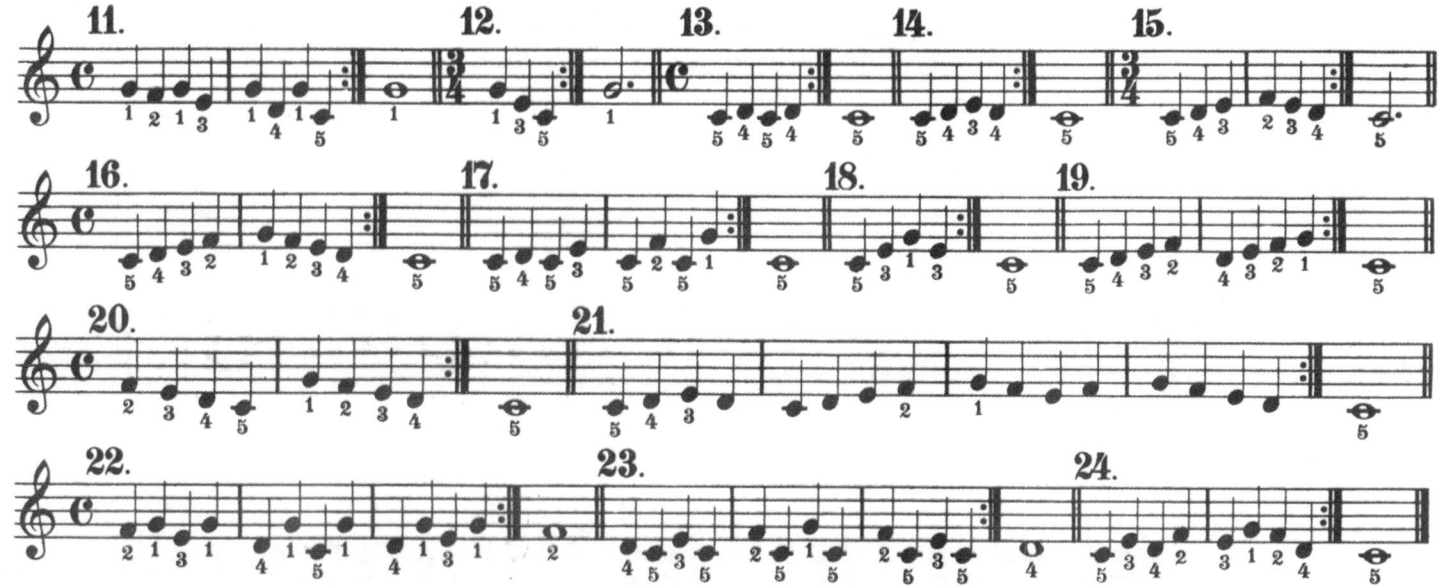

Exercícios para as duas mãos juntas

NOTA. Conforme as indicações do professor o aluno tocará em primeiro lugar estas duas páginas de cor e quando terá adquirido os conhecimentos indispensáveis de *toque* poderá iniciar o estudo das páginas seguintes. Exercícios do mesmo gênero e mais desenvolvidos, serão encontrados no suplemento deste livro.

A três mãos
O Professor

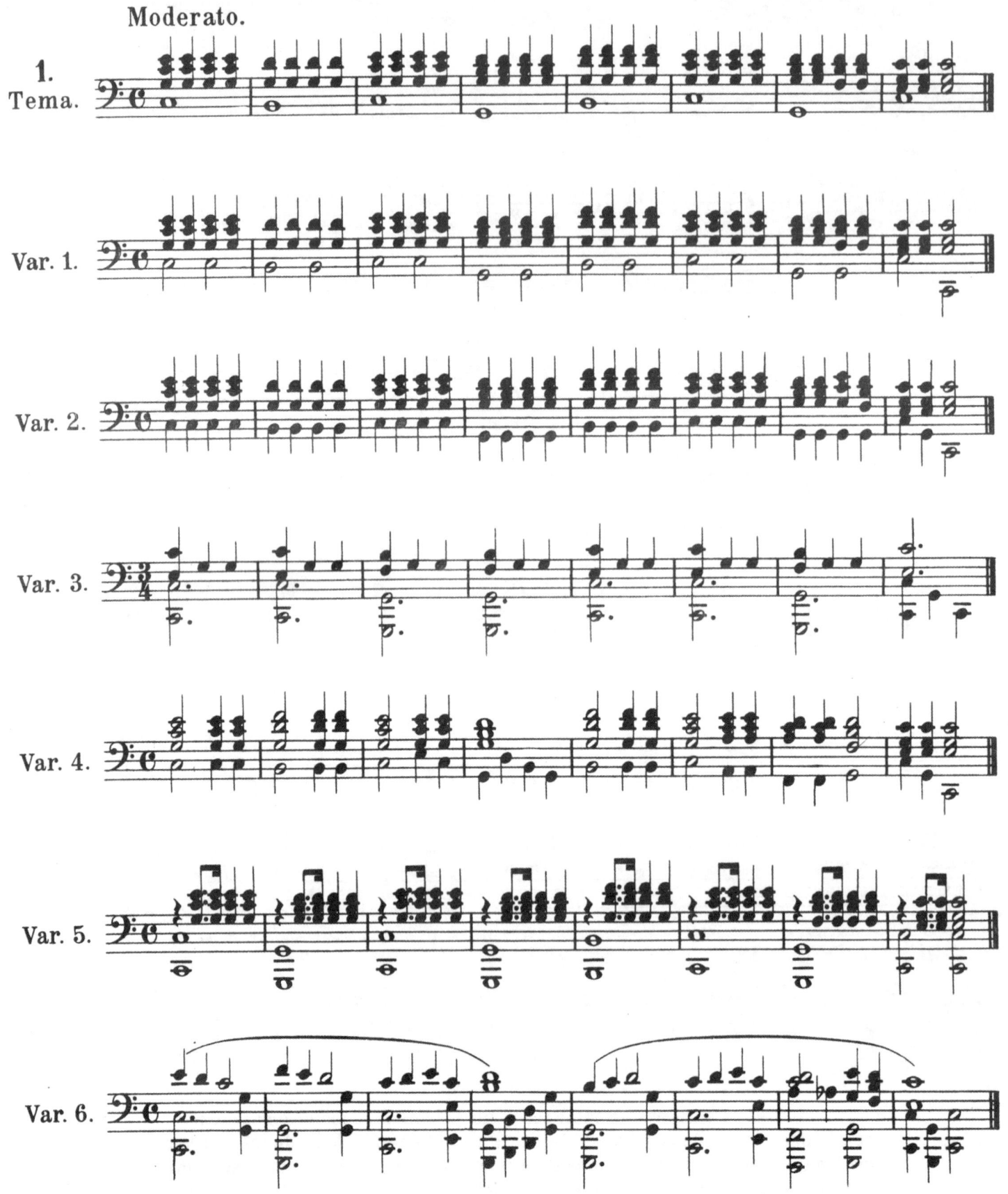

A três mãos
O aluno

Para a mão direita só.

Posição da mão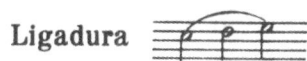
do ré mi fa sol

1.
Tema.

Tempo moderato. (movimento moderado)

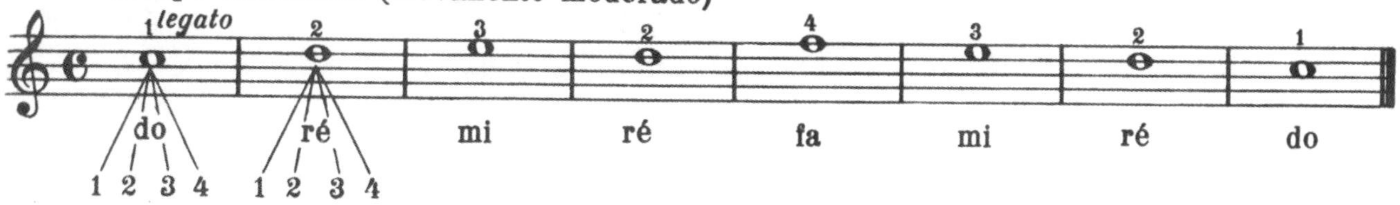

O aluno deve contar os tempos em voz alta

Ligadura

Os sons devem ser ligados uns aos outros e isso se obtêm quando o dedo que está sobre a tecla não a deixe até que o seguinte tenha tocado outra. Em regra geral, deve-se executar sempre assim e tendo-se que tocar a mesma tecla diversas vezes com o mesmo dedo, levantar-se-á a mão.

Variações

Var. 1.

Var. 2.

Var. 3.

Var. 4.

Var. 5.

Var. 6.

Professor

Aluno

Pausas

Durante a espera de uma pausa, o dedo nunca deve ficar sobre a tecla, deve-se levantar a mão.

Var. 7.

Var. 8.

Var. 9.

Var. 10.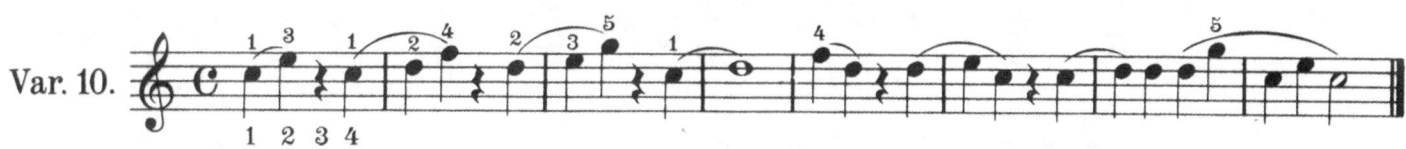

Var. 11.

Var. 12.

Professor

A três mãos

Aluno

A três mãos

Para a mão esquerda só.

Posição da mão.

Moderato.

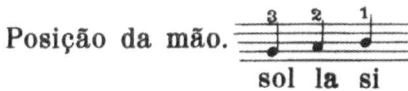

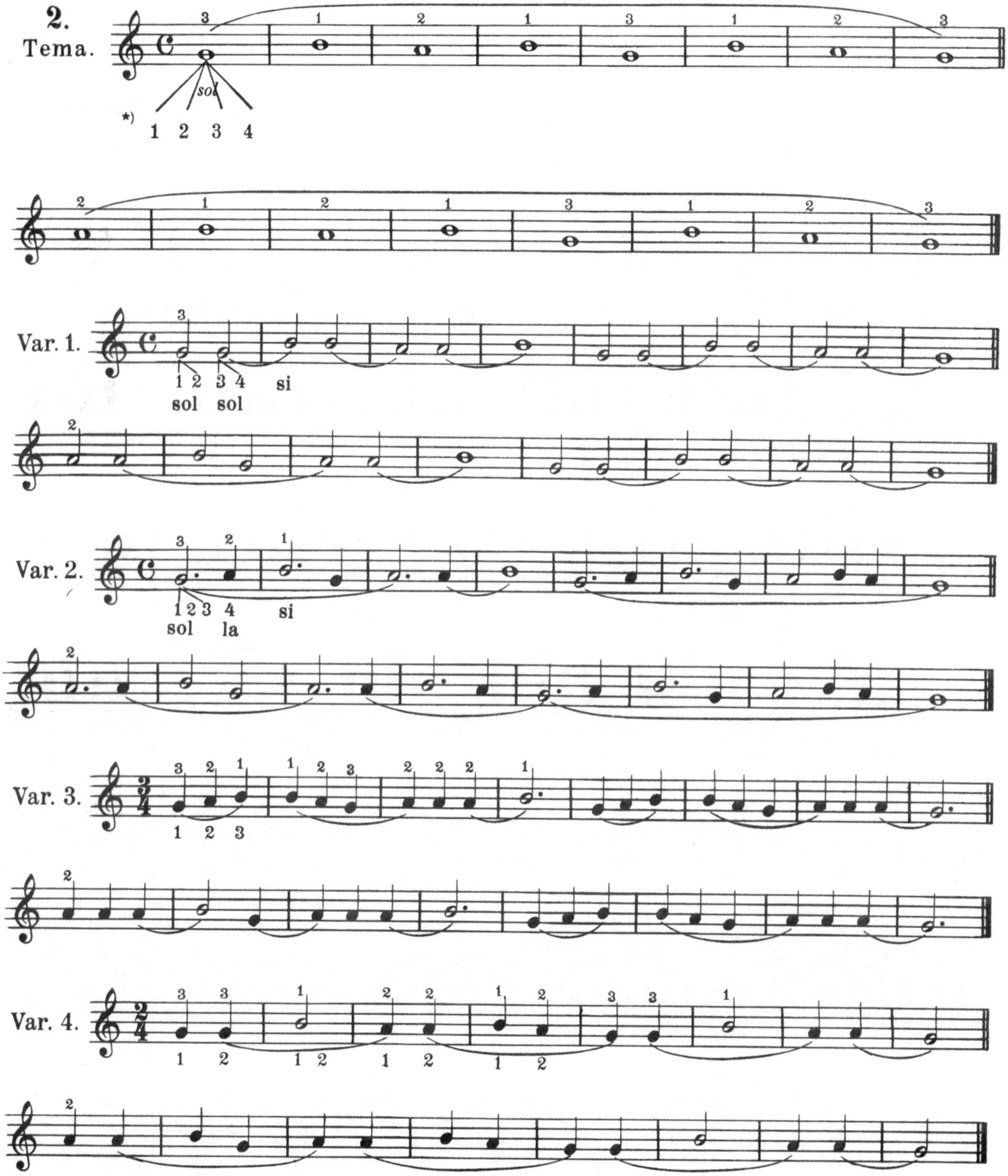

*) Para contar, recomenda-se chamar o nome da nota no primeiro tempo, por exemplo: sol 2 3 4, si 2 3 4 etc.

Aluno

Sinal de repetição 𝄆 𝄇

Var. 5.

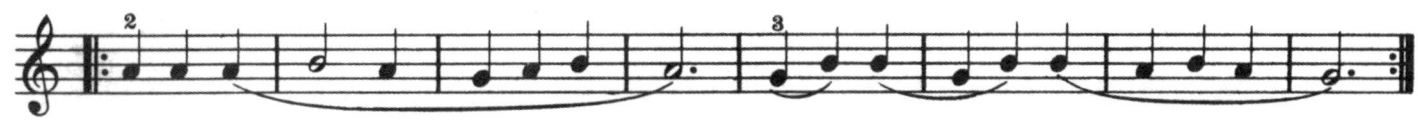

Posição da mão.

sol la si do ré

Var. 6.

Var. 7.

Var. 8.

Professor

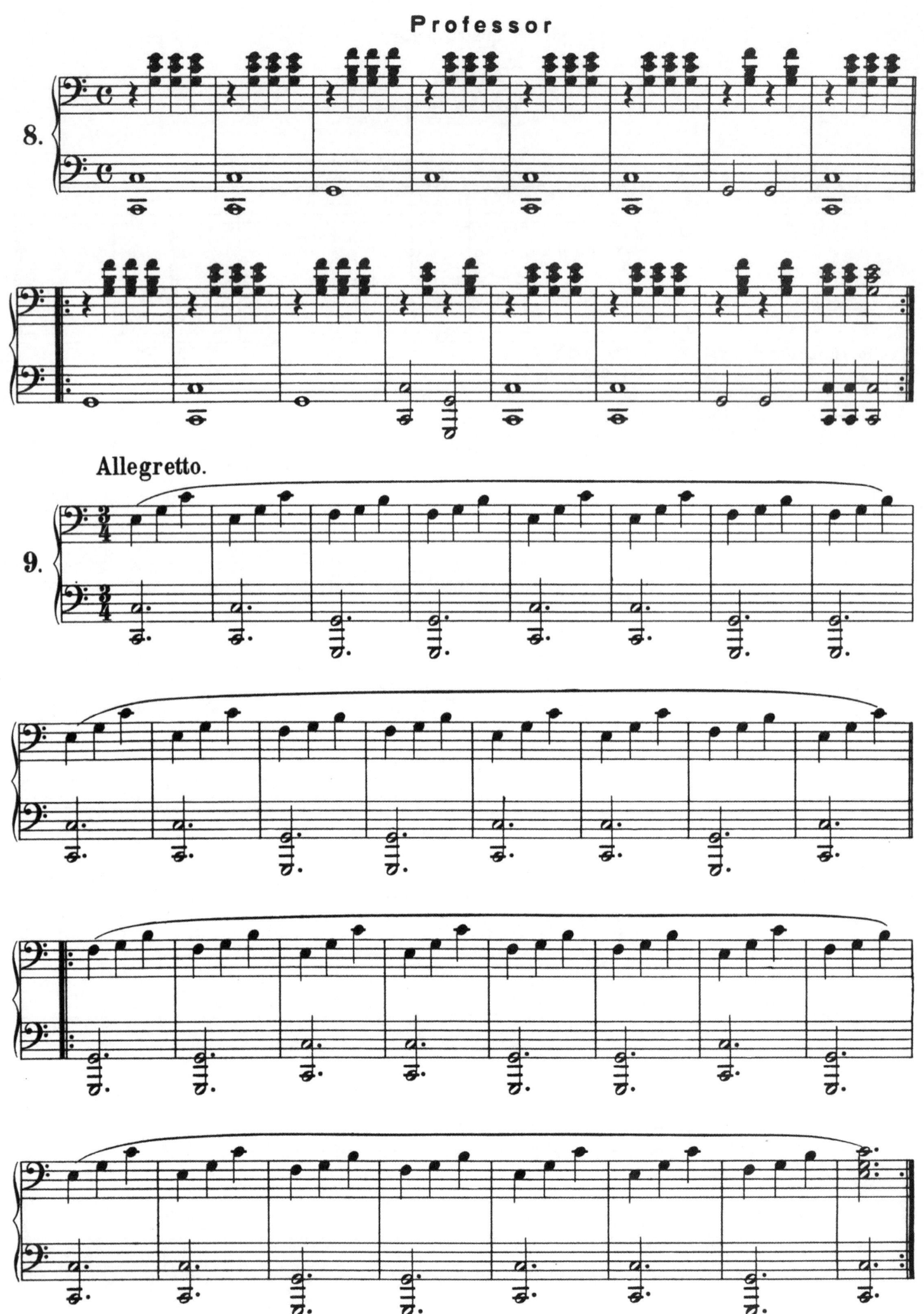

Professor

Aluno

O aluno não deve esquecer que uma boa posição do corpo, dos braços, das mãos e dos dedos, assim como um belo toque e bastante igualdade na marcação do compasso, são a base de uma execução correta.

A **segunda nota** não repete-se, porém, o dedo deve permanecer sobre a tecla durante toda a duração desta nota.

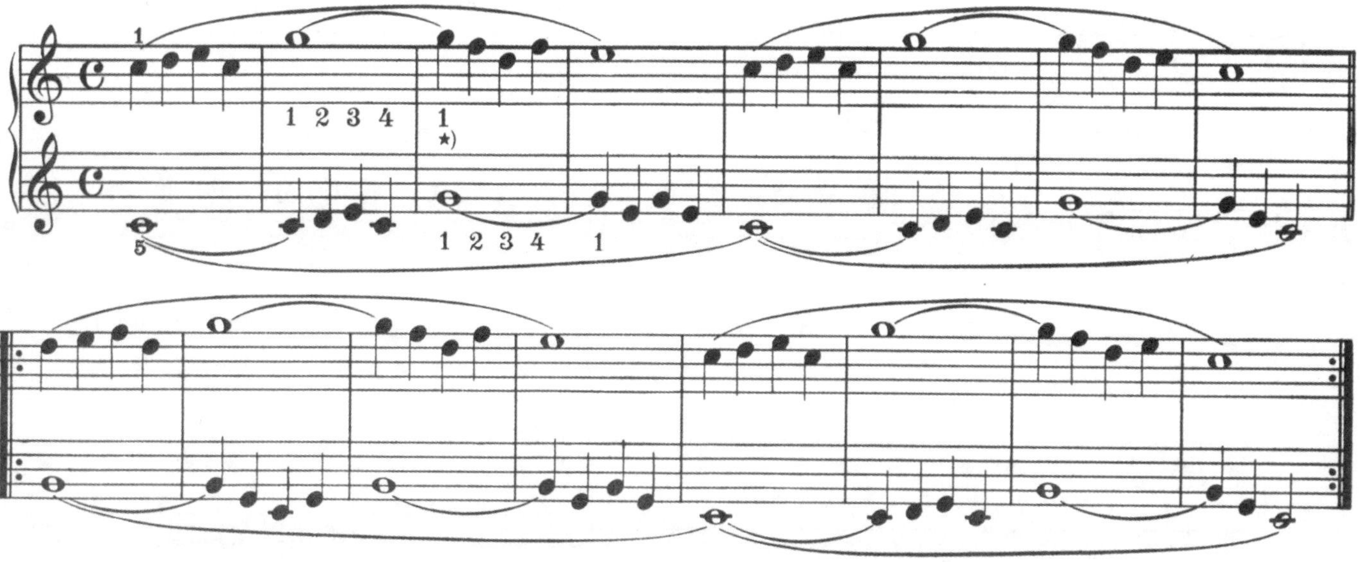

Para facilitar o estudo do aluno, o professor poderá tirar a ligadura que une as duas notas da mesma altura.
(A ligadura que abrange dois ou mais compassos, indica que os sons devem ser bem ligados.)

Professor

As notas que têm em cima o número 8 e um rastilho, devem ser executadas uma oitava acima, isto é, oito notas mais agudas; terminada essa linha a execução é feita na altura exata que estão escritas as notas.

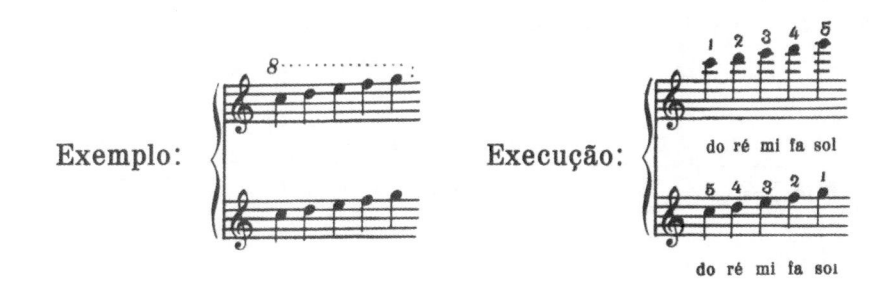

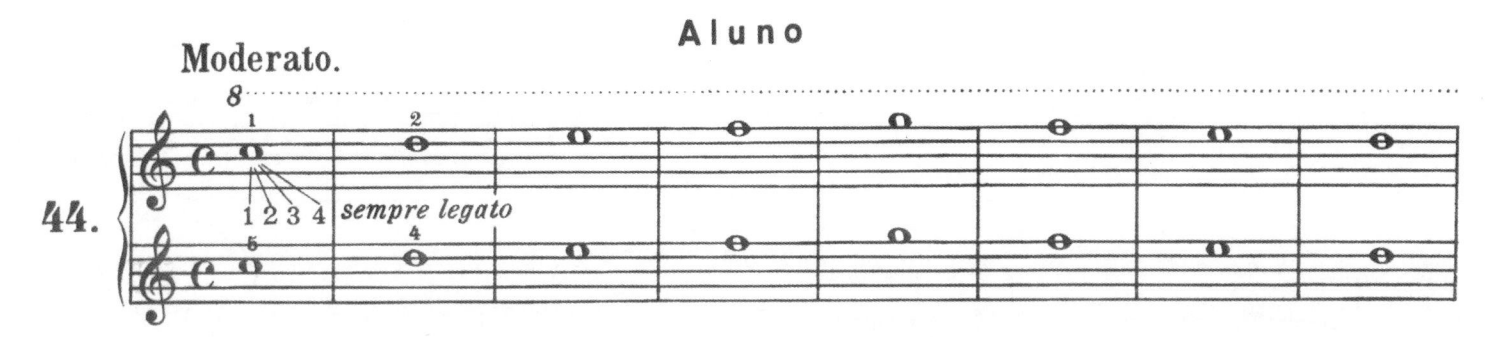

Exemplo:

Execução:

do ré mi fa sol

do ré mi fa sol

Aluno

Moderato.

44. *sempre legato*

Exercício para estudar o valor das figuras até colcheias

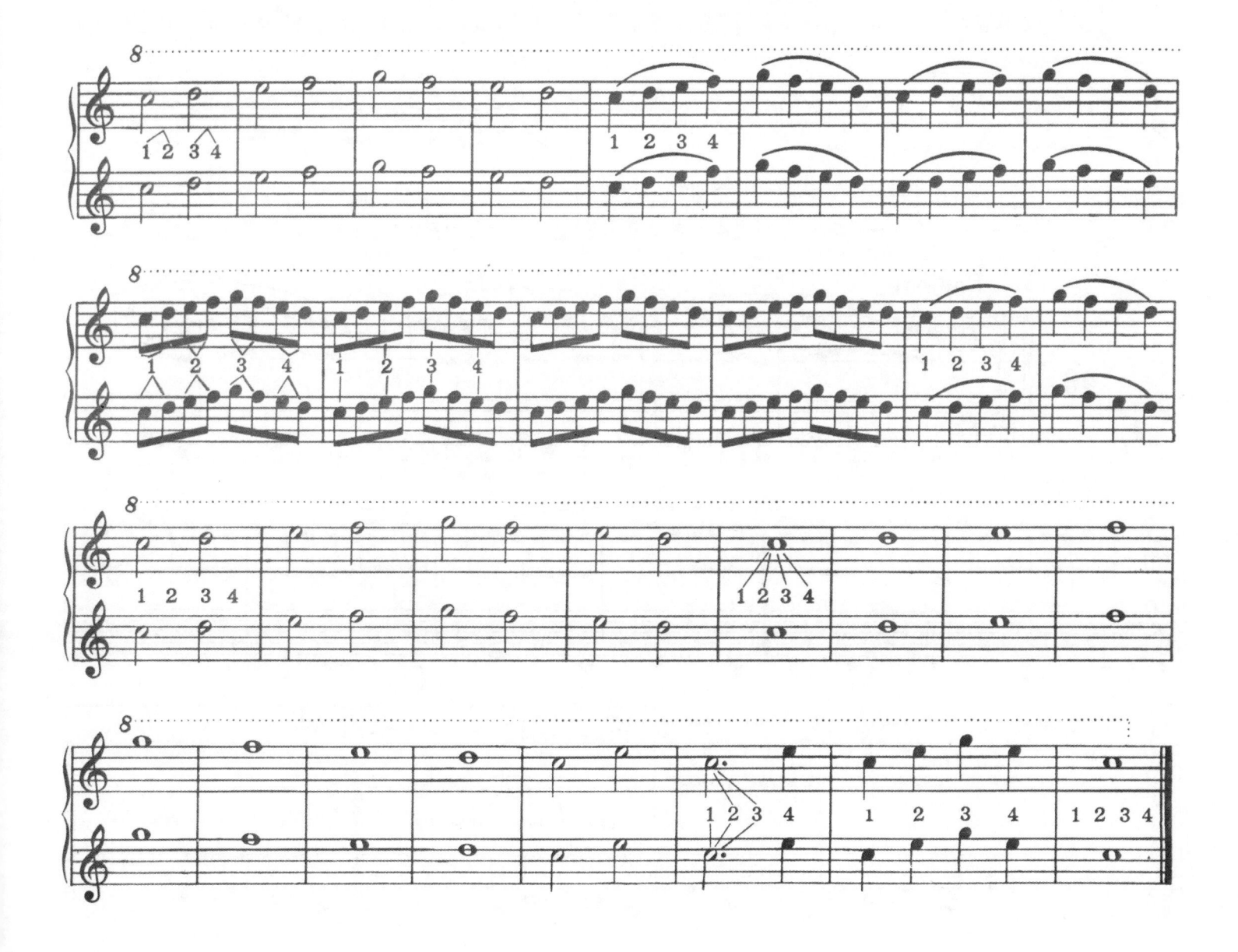

Exercícios com figuras de Colcheias

*) Para ser tocado na primeira vez.
*) Para ser tocado na segunda vez.

Posição da mão esquerda.

47. Moderato.

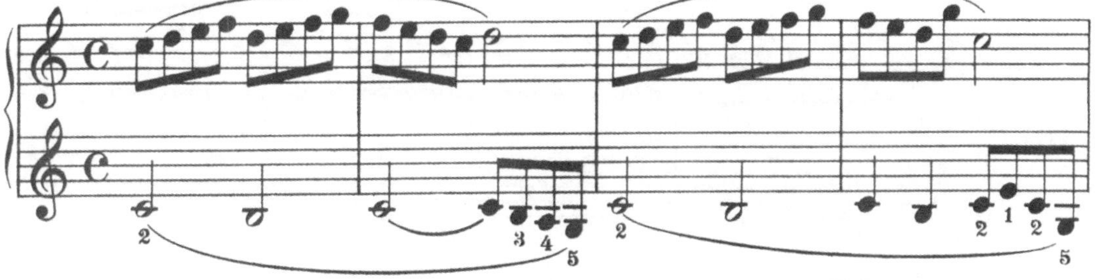

48. Allegretto.

49. Allegretto.

Os cotovelos não devem afastar-se do corpo,
mesmo que as mãos fiquem distantes uma da outra.

Cada compasso 7 vezes | Para acabar

do ré mi fa sol fa mi ré   do   la si do ré mi ré do si   la   ré mi fa sol la sol fa mi   re   sol la si do ré do si la   sol

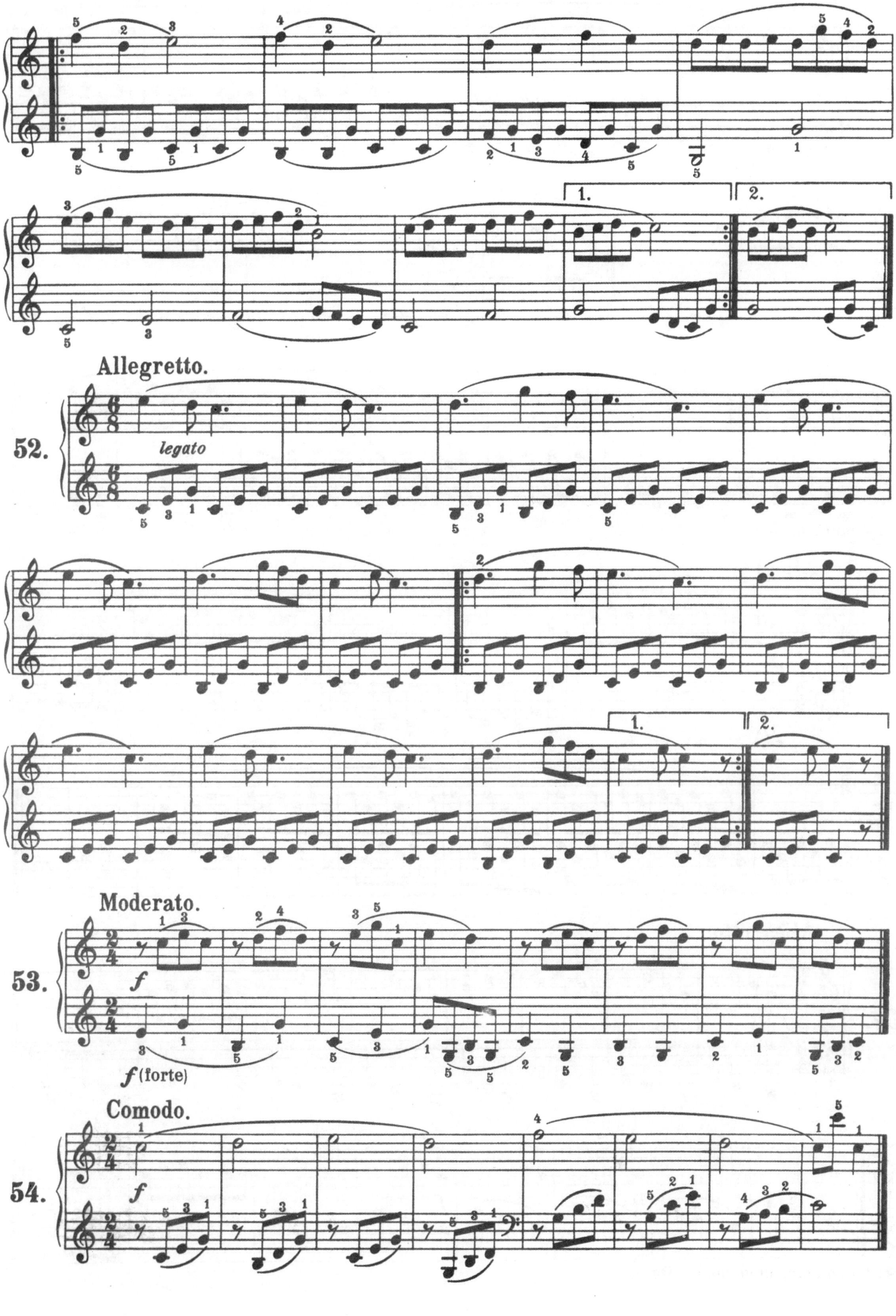
1.
2.
Allegretto.
52.
legato
1.
2.
Moderato.
53.
f
f (forte)
Comodo.
54.
f

Moderato.

55.

mf (meio forte)

Allegretto.

56.

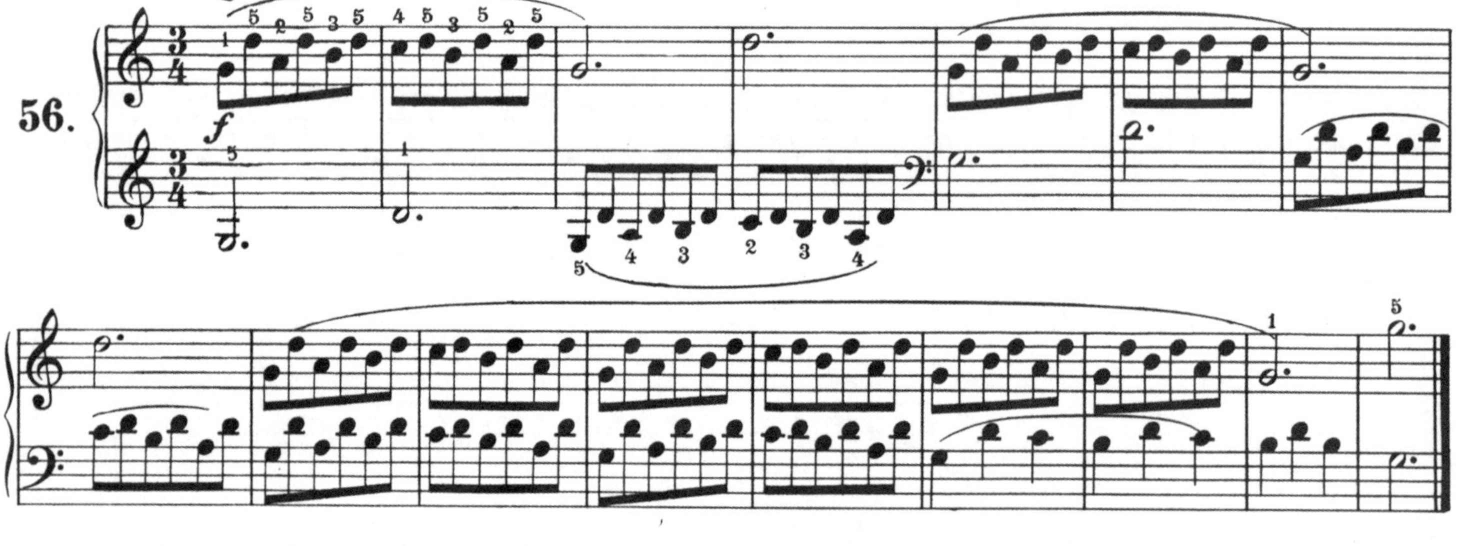

Allegretto.

57.

p (docemente, com pouca força)

Moderato.

58.

crescendo, aumentando de sonoridade.

diminuindo de sonoridade.

Allegretto.

59.

acentuar a nota.

cresc. (crescendo)

Notas pontuadas

dolce doce suave)

Allegro moderato.

62.

Quando encontra-se um ponto sobre a **nota**, deve-se destacar vivamente; isso se faz, retirando o dedo da tecla logo depois de tê-la **tocada**.

Exemplo   Execução

63.

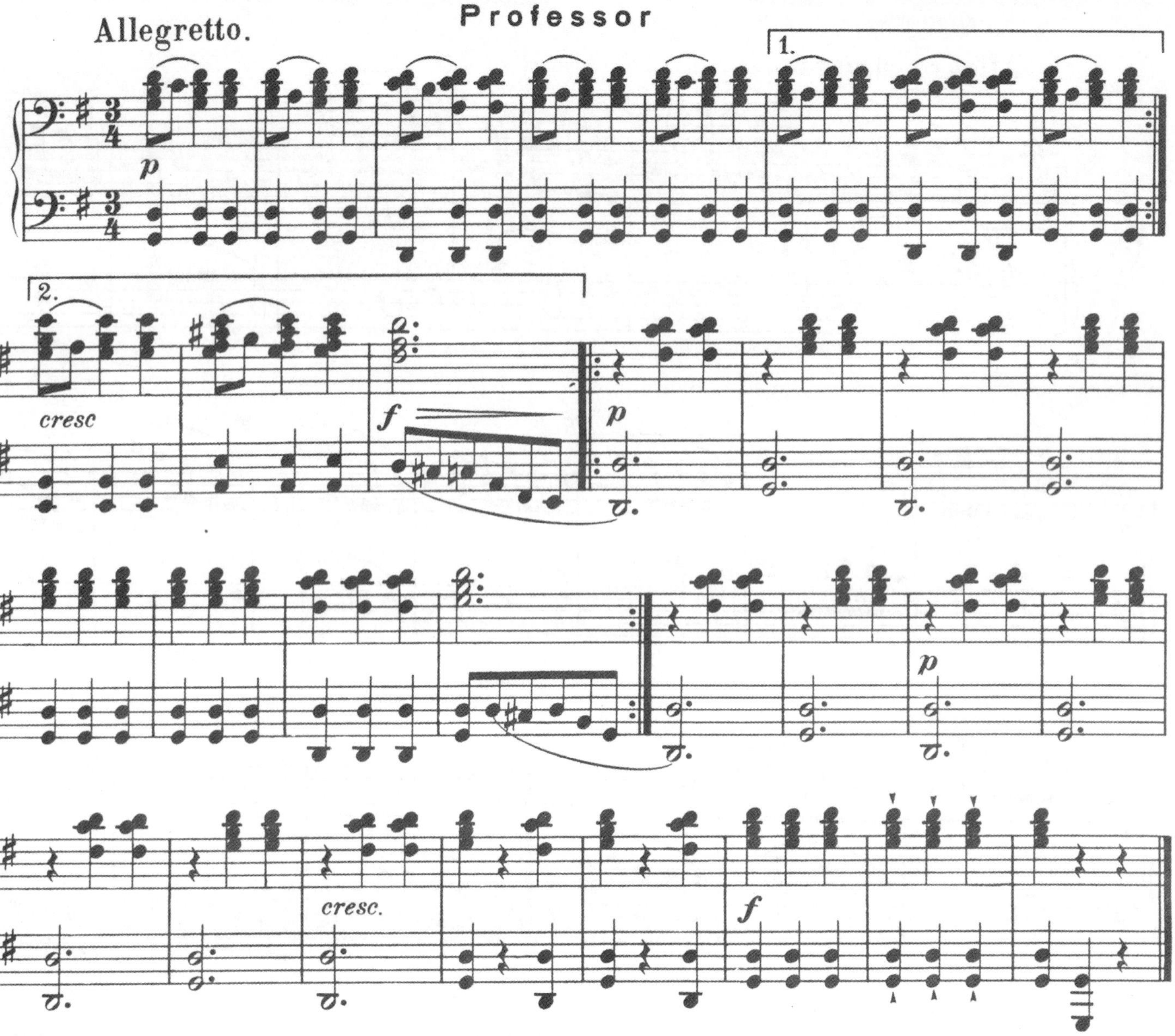

64.

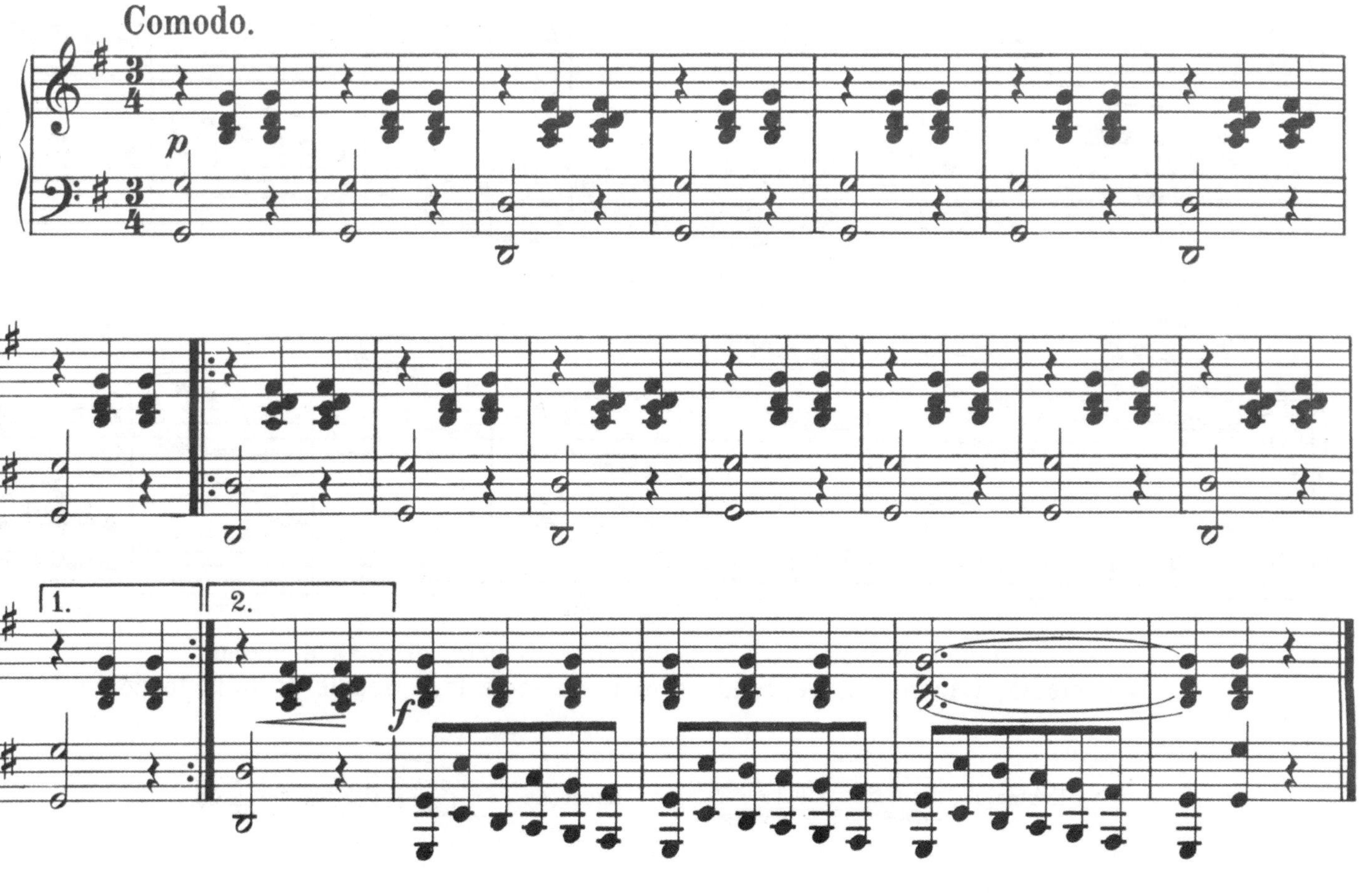

Os pontos alongados indicam que as notas devem ser destacadas e um pouco acentuadas.

Exercícios para o dedo polegar.

Mão direita só.

Cada compasso deve-se repetir 8 vezes.   Para terminar

Escala em Dó maior

Na passagem do polegar sob qualquer dedo,
os cotovelos não devem se afastar da sua posição natural.

Mão esquerda só

Escala em Dó maior

65. Moderato. *sempre legato*

Exercícios em notas duplas

Mão direita só

Mão esquerda só.

Cada compasso deve-se repetir 4 vezes.

66. Allegretto. *dolce*

Moderato.

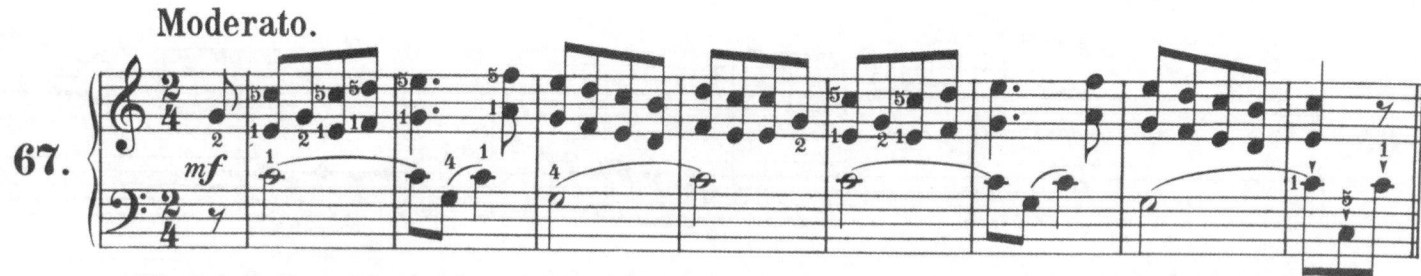

67.

NB. O aluno deve manter o pulso bem flexível, quase abandonado e não rígido, duro etc.

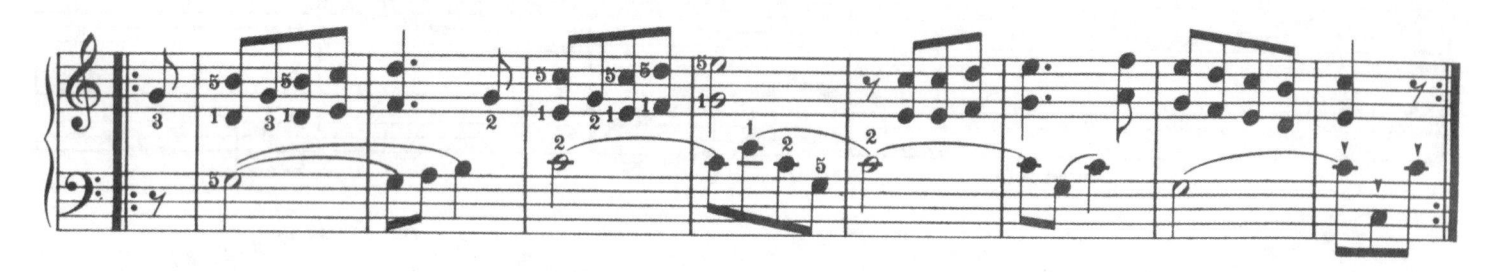

As notas duplas devem ser executadas com bastante igualdade e muito figadas, fazendo perceber claramente os sons das duas notas dando a ambas a mesma intensidade.

Moderato.

68.

69.

Escala em Sol maior

Moderato.

70.

71.

Comodo.

72.

Moderato.

73.

Sinais de alteração (acidentes)

Tresquialteras

74. Moderato.

dolce

f

dolce

p

Escala em Ré maior

75. Moderato.

76. Allegro moderato.

Articulação livre do pulso.

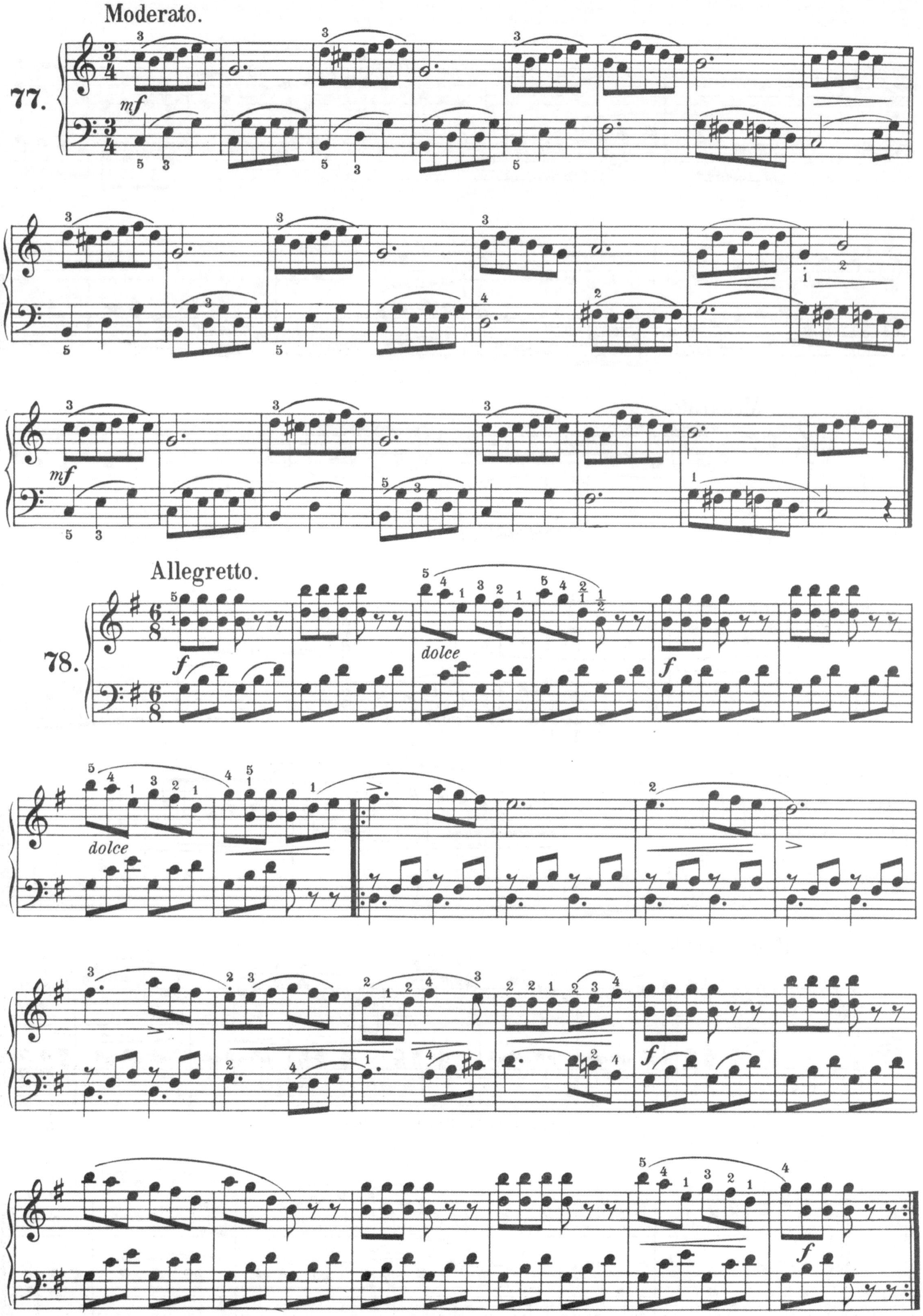
Moderato.
77.
mf
mf
Allegretto.
78.
f
dolce
f
dolce
f
f

Escala em Lá maior

79.

Apojatura. (appoggiatura)   Execução

NB. Quando não tem ponto sobre a nota que segue a **apojatura**, deve-se dar á figura o seu valor real.

Escala em Mi maior.

Allegretto.

Allegretto.

82.

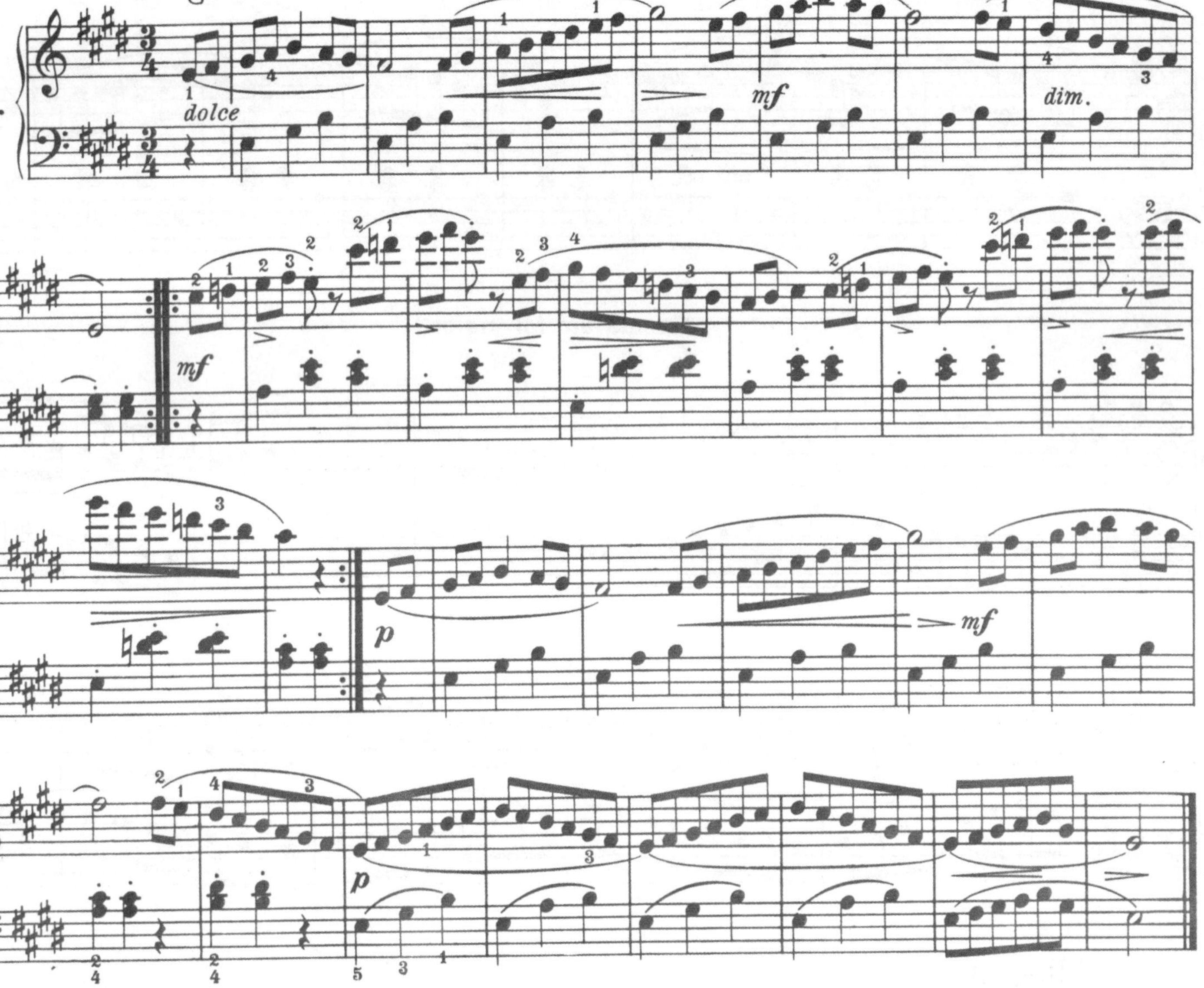

Allegretto.

83.

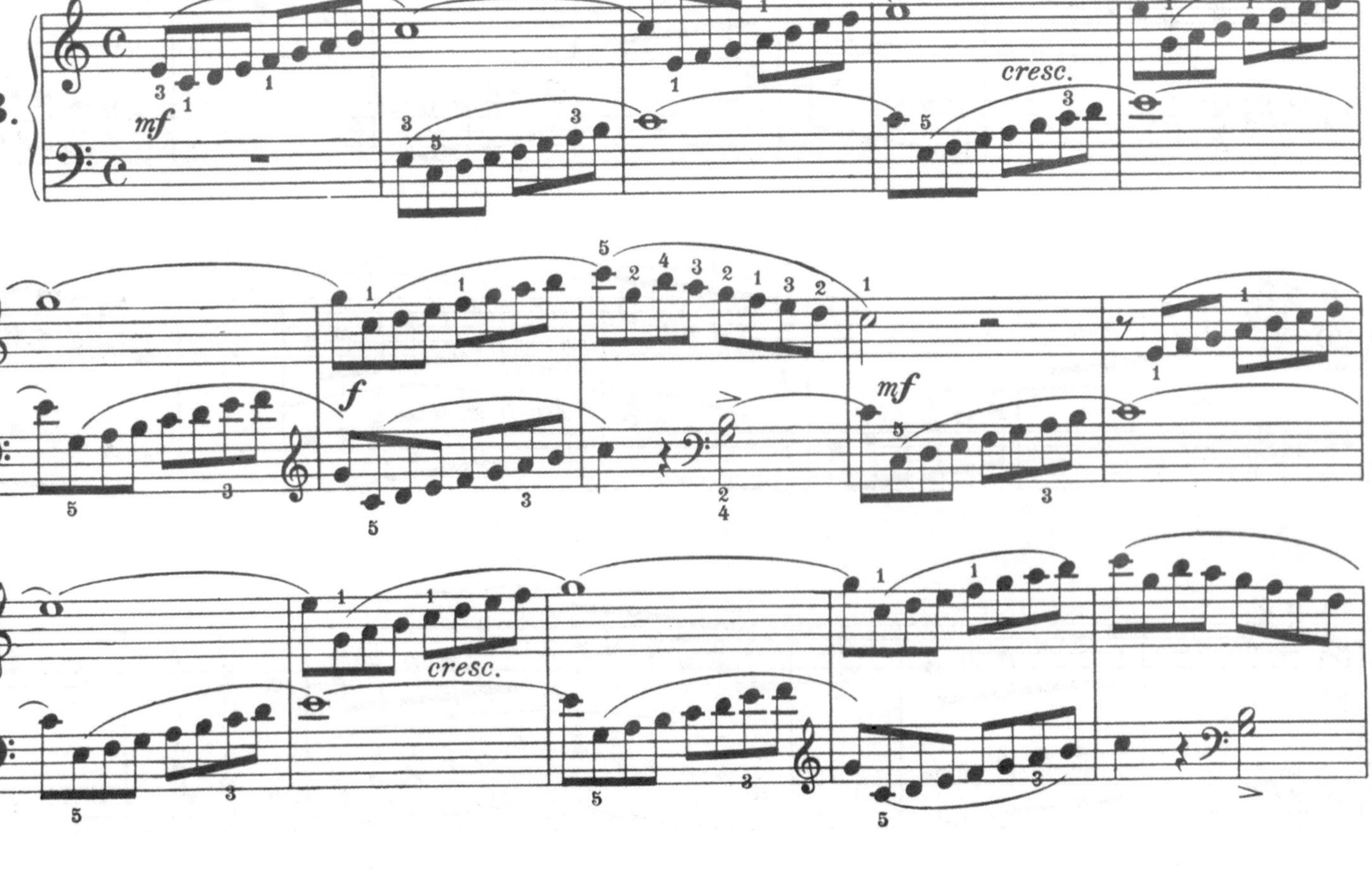

A Fermata ⌢ colocada sobre a nota ou pausa, indica que á essa nota ou pausa deve-se dar uma duração maior que a representada pela figura

marcato (marcado)

Professor

Aluno
Para estudar o valor das figuras até as semicolcheias.

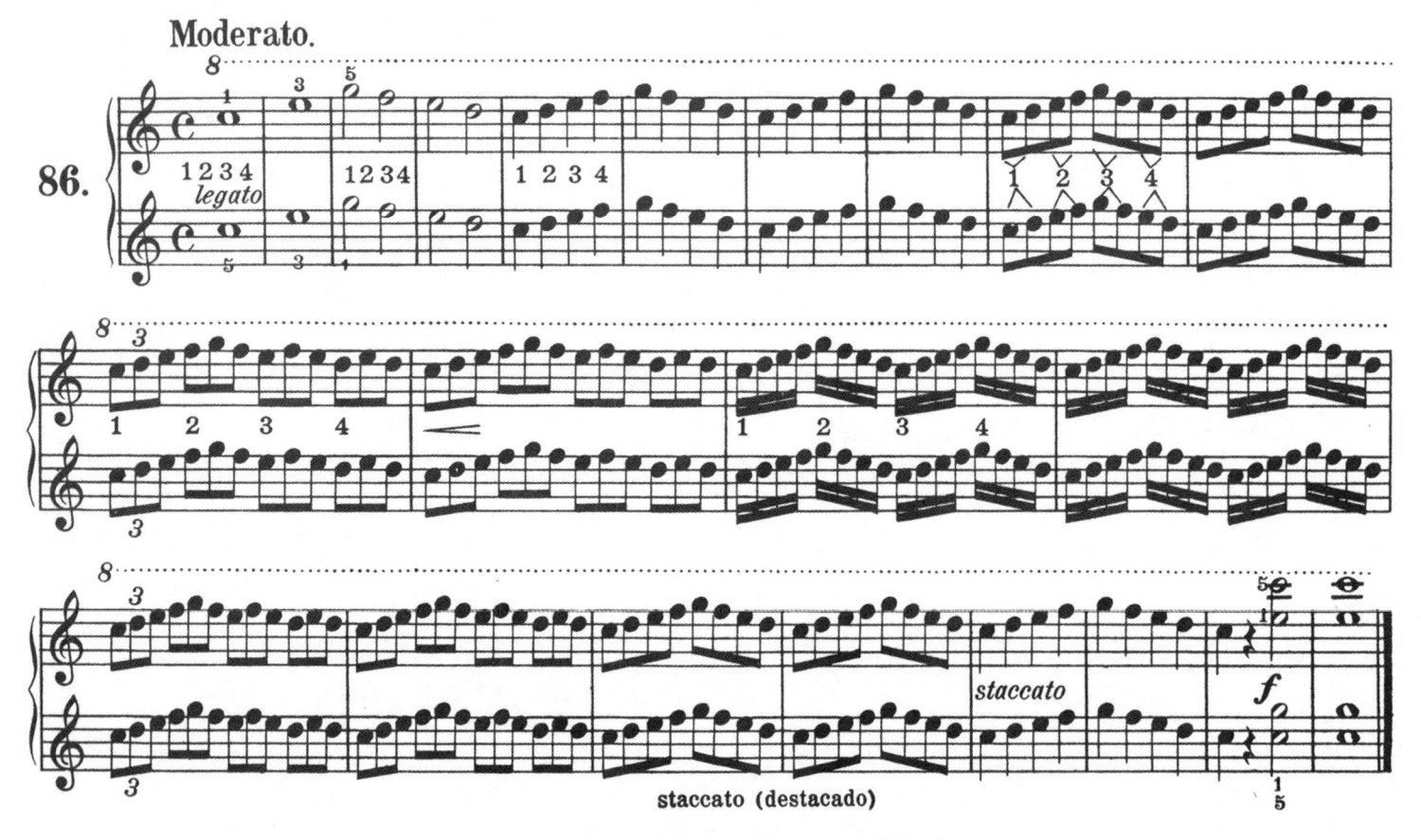

86. Moderato. *legato*

staccato (destacado)

Para desenvolver a agilidade.

87. Allegro moderato. *mf*

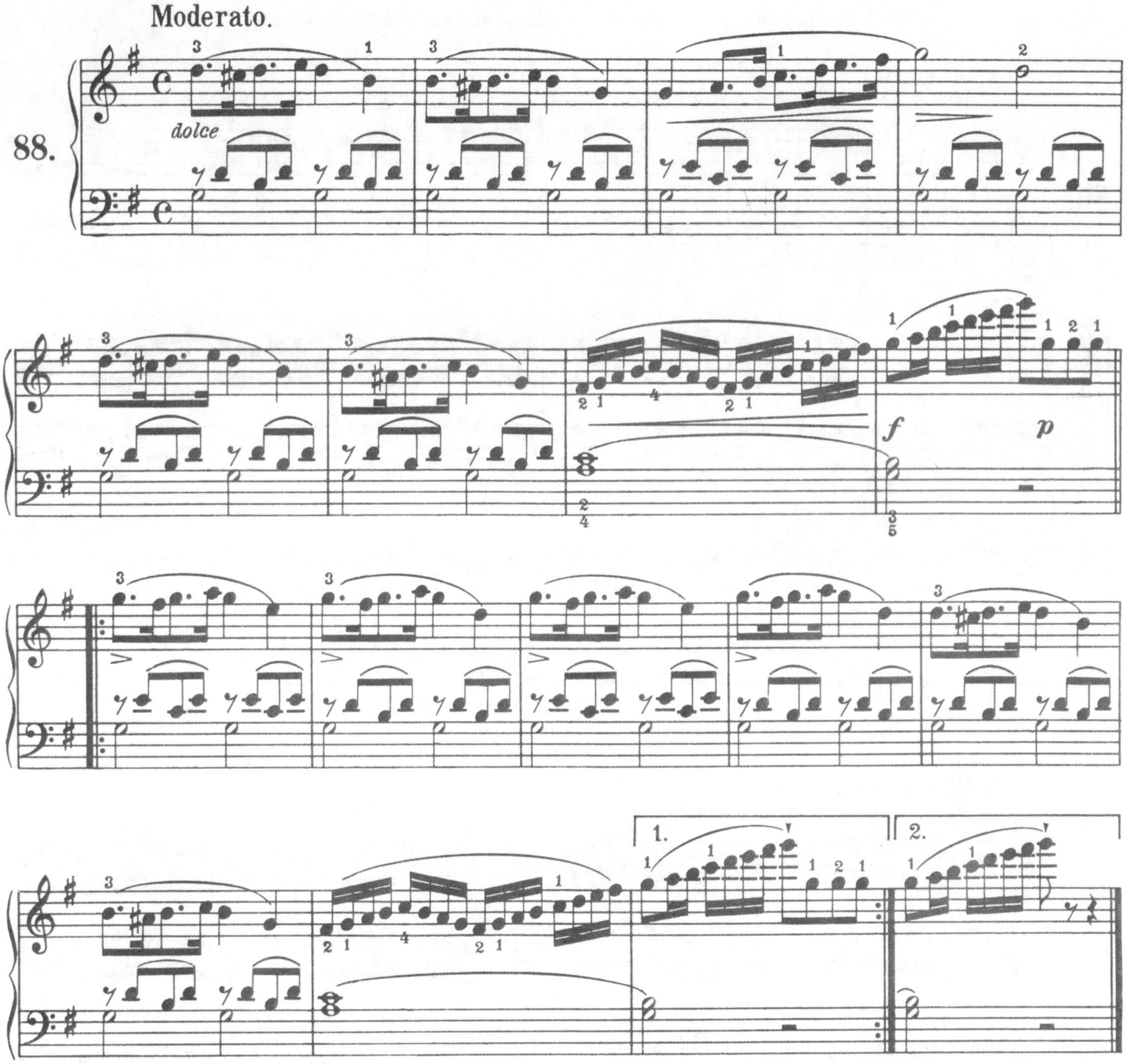
Moderato.
88.
dolce
f
p
1.
2.

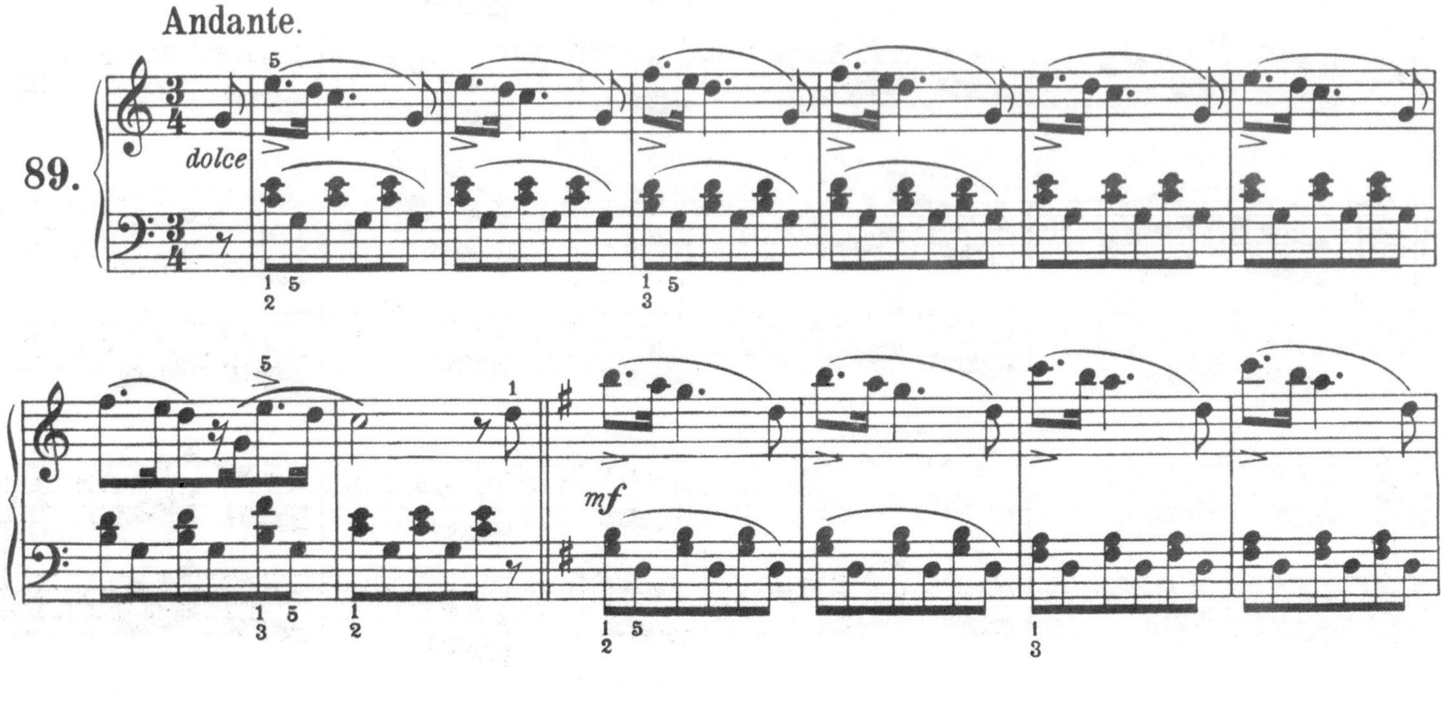
Andante.
89.
dolce
mf

90. Allegretto.

Escala em Lá menor

91. Allegretto. *dolce*

Comodo.

92.

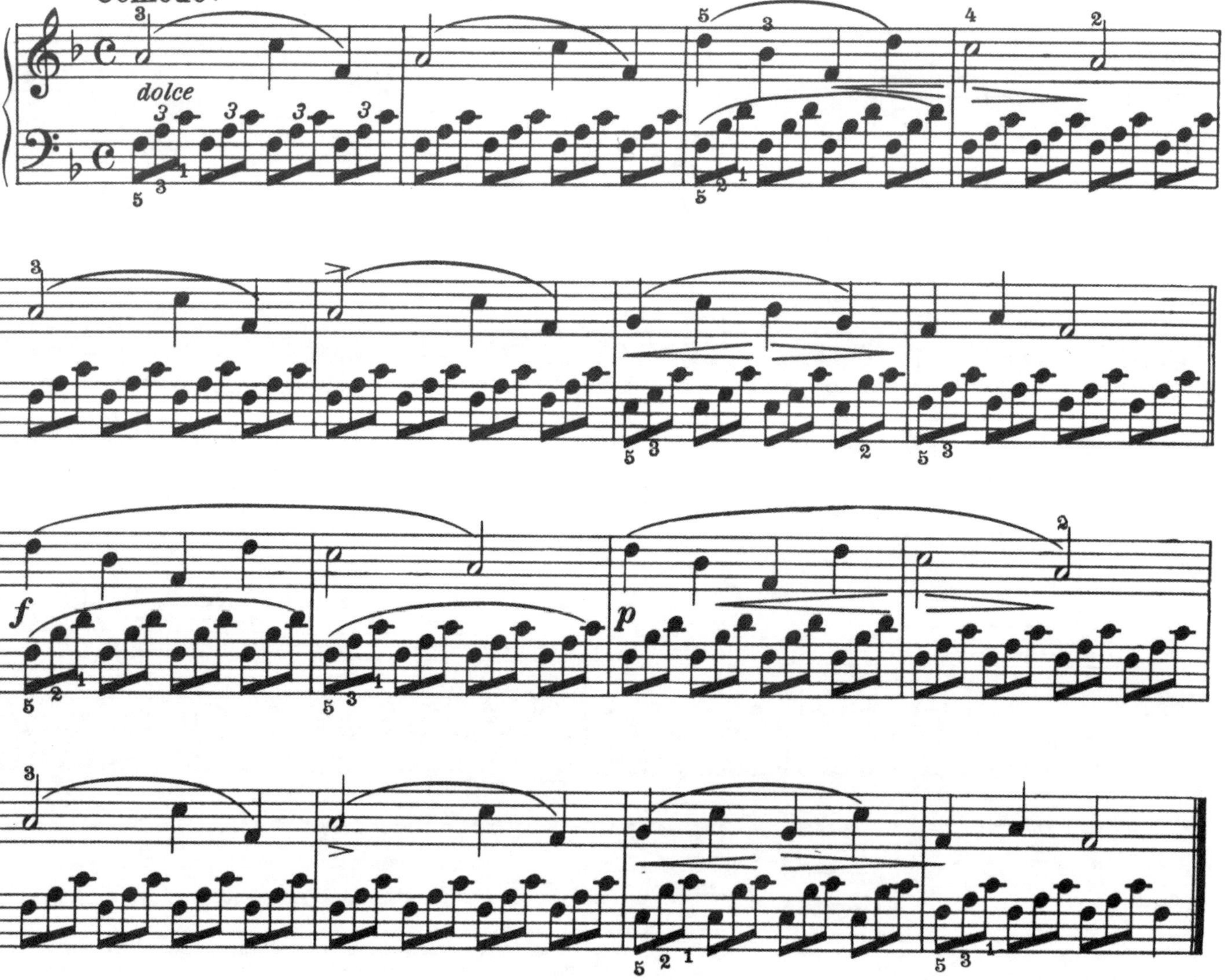

Moderato.

93.

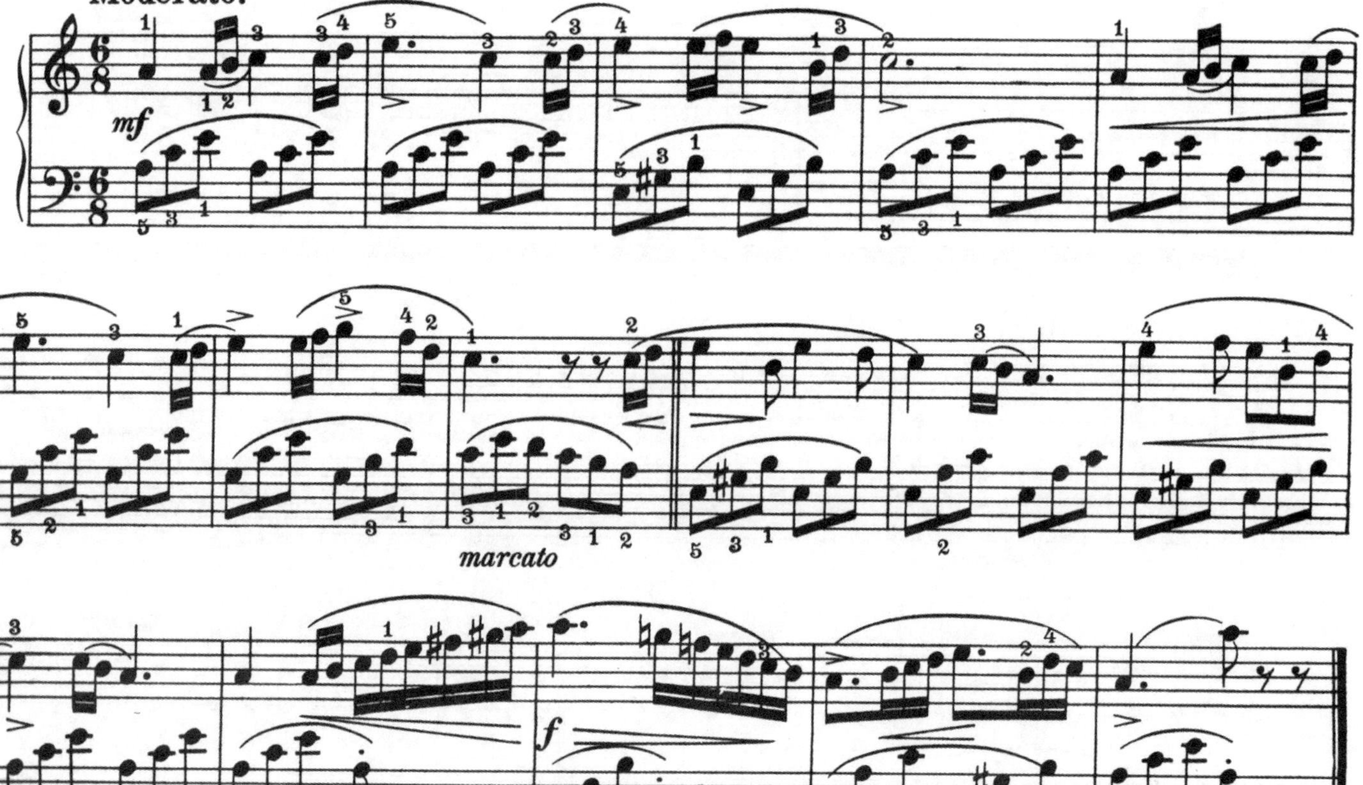

Escala em Fá maior

96. Allegro. (vivo, brioso)

As notas com o sinal ∧ devem ser bastante acentuadas.

Si bemól maior

100. Allegro.

Allegro moderato.

101.

102.

A mudança dos dedos sobre a mesma tecla deve ser feita com bastante rapidez.

Allegro moderato.

103.

dolce

104. Allegretto.

Escala cromática

Mão direita só. I.

Este dedilhado é mais cômodo para as mãos pequenas.

Mão direita só. II.

Este dedilhado é mais usado.

Mão esquerda só. III.

Este dedilhado é mais cômodo para as mãos pequenas.

Mão esquerda só. IV.

Este dedilhado é mais usado.

Mão direita só V.

Mão esquerda só. VI.

VII.

75

106. Allegro moderato.

Suplemento

Exercicios de dedilhados a serem intercalados no método preparatório.

Para a mão direita só

Cada número deve ser executado várias vezes.
Pode-se tocar na extensão de duas ou mais oitavas.

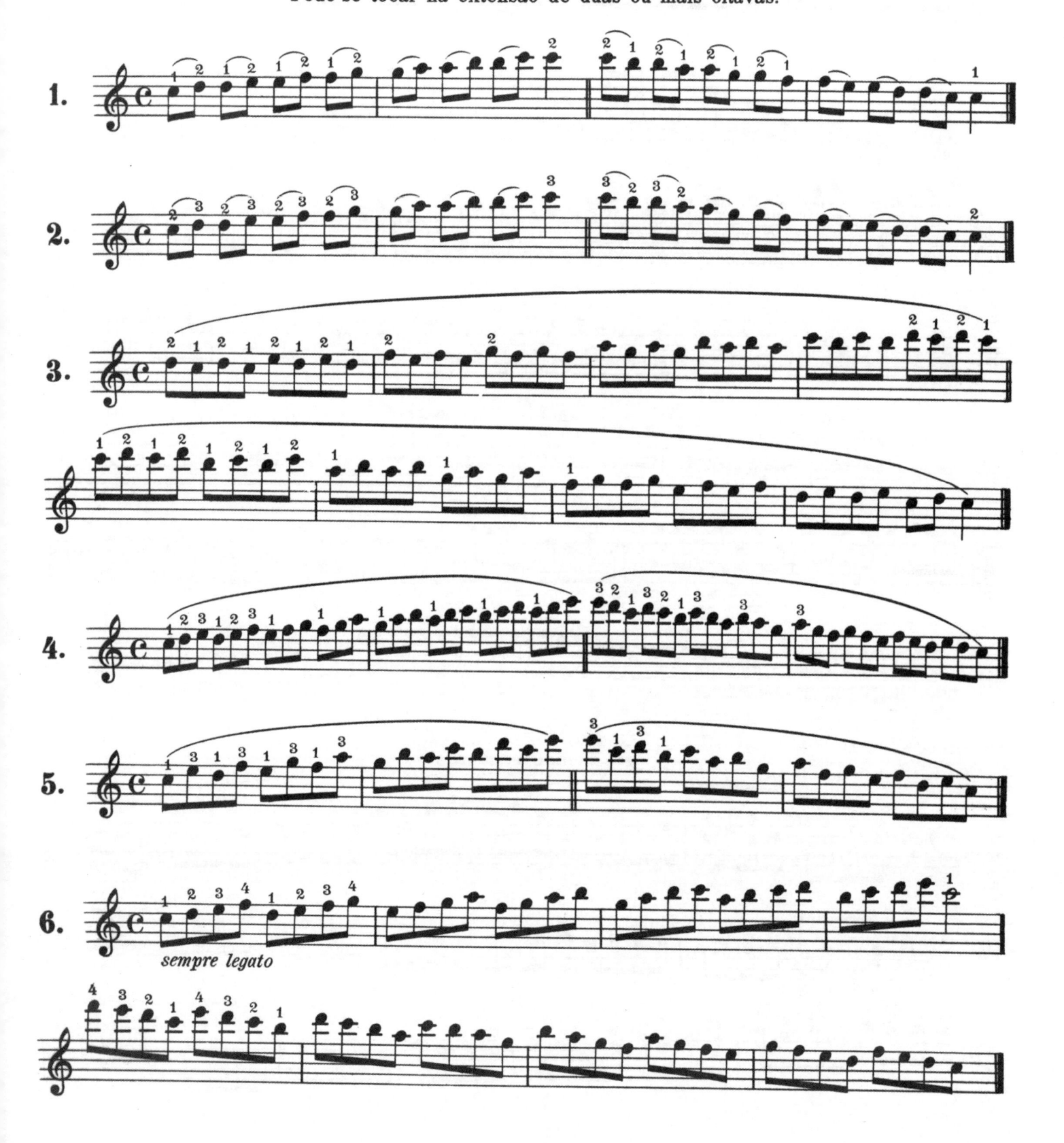

Para a mão esquerda só

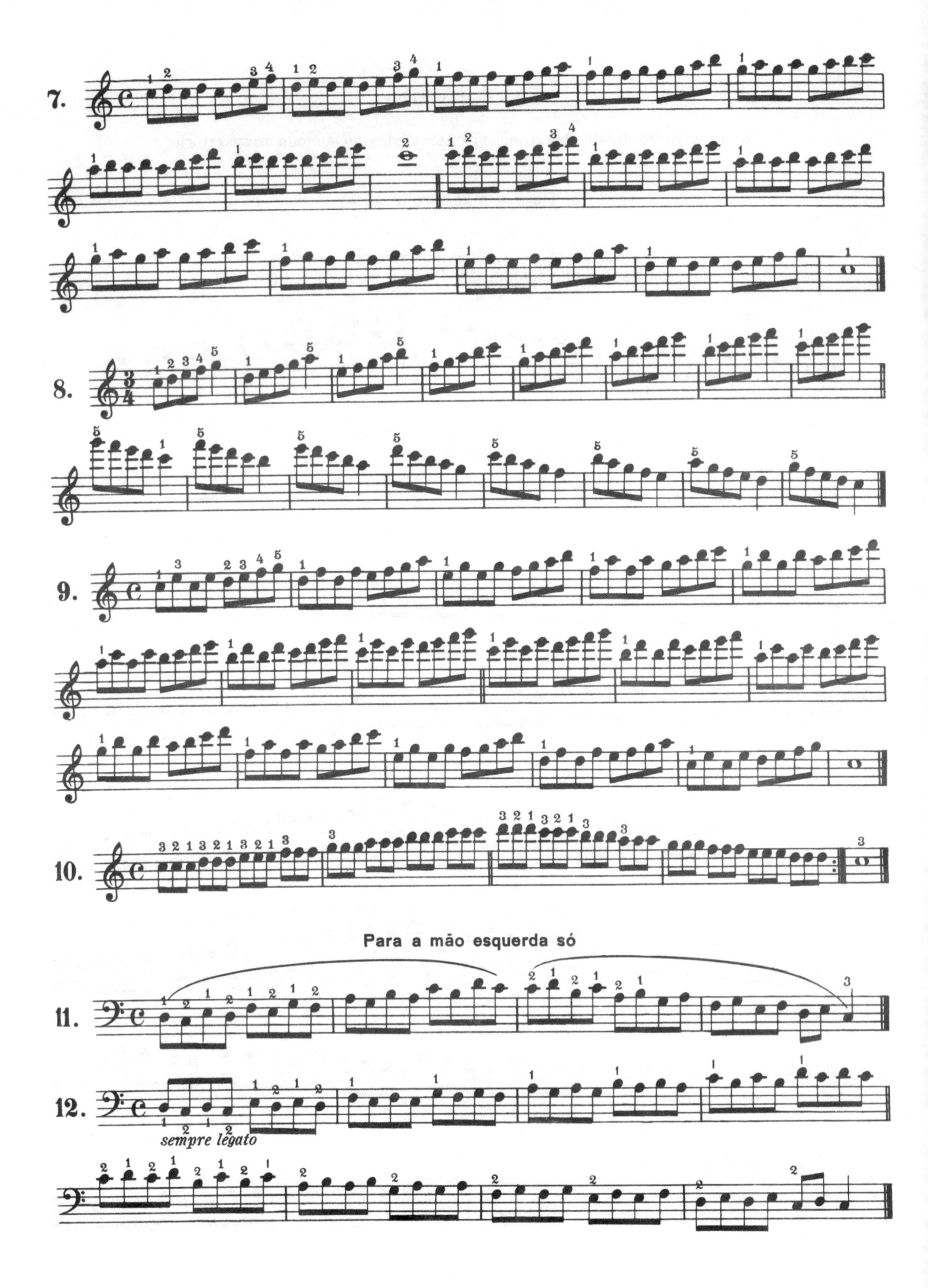

13.

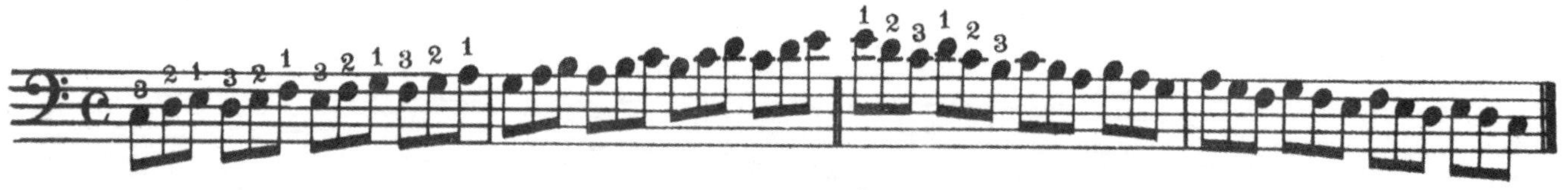

14.

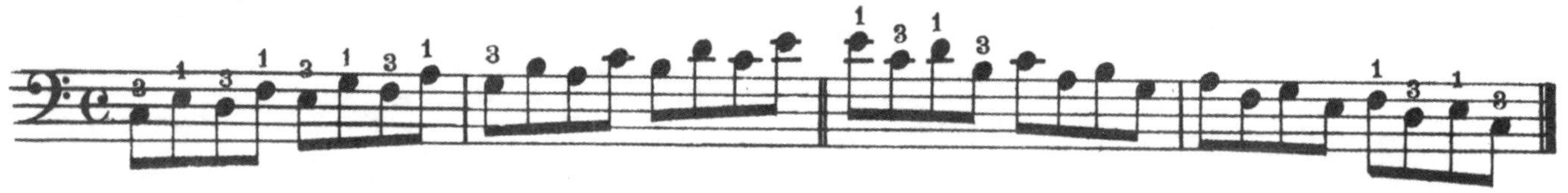

15.

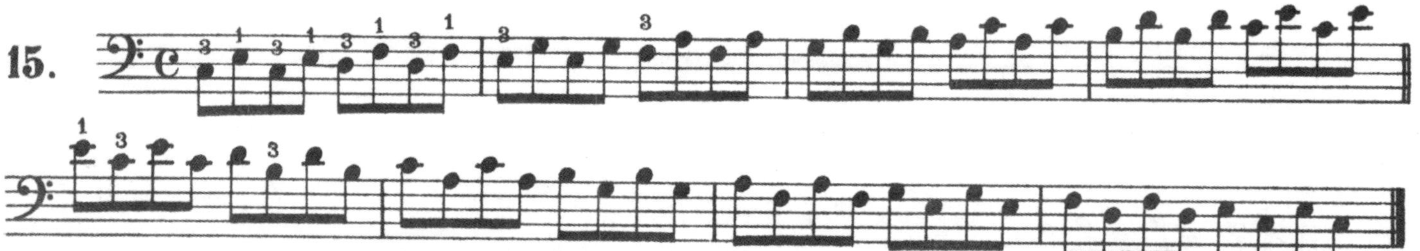

16.

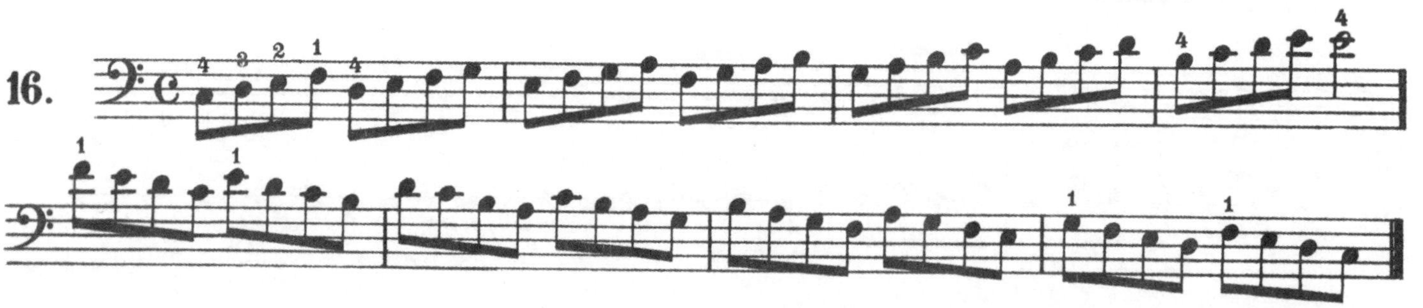

17.

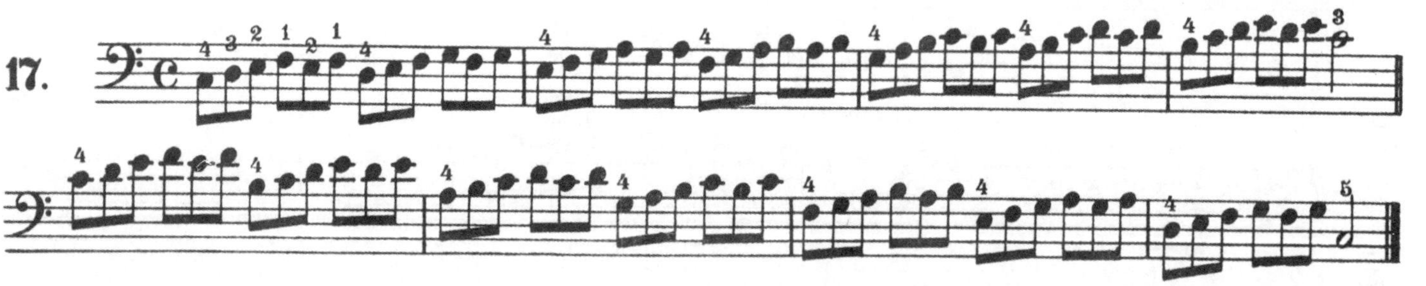

18.

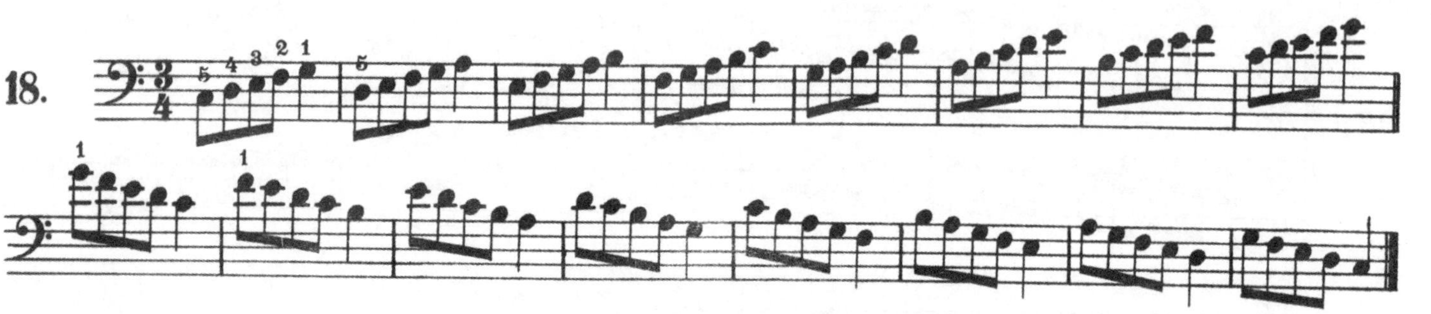

19.

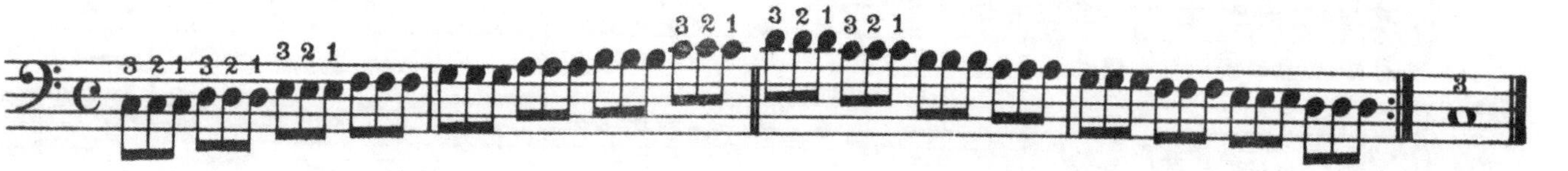

20.

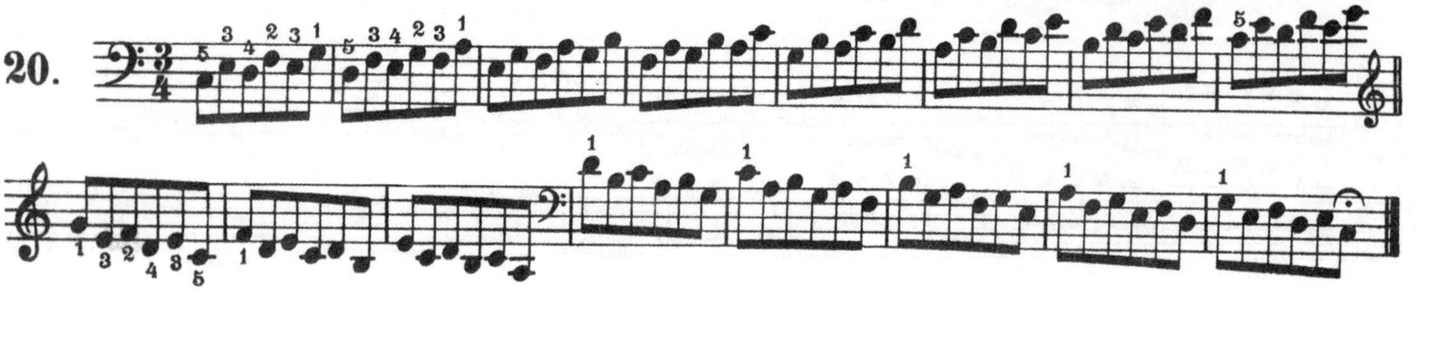

Para as duas mãos juntas

26.

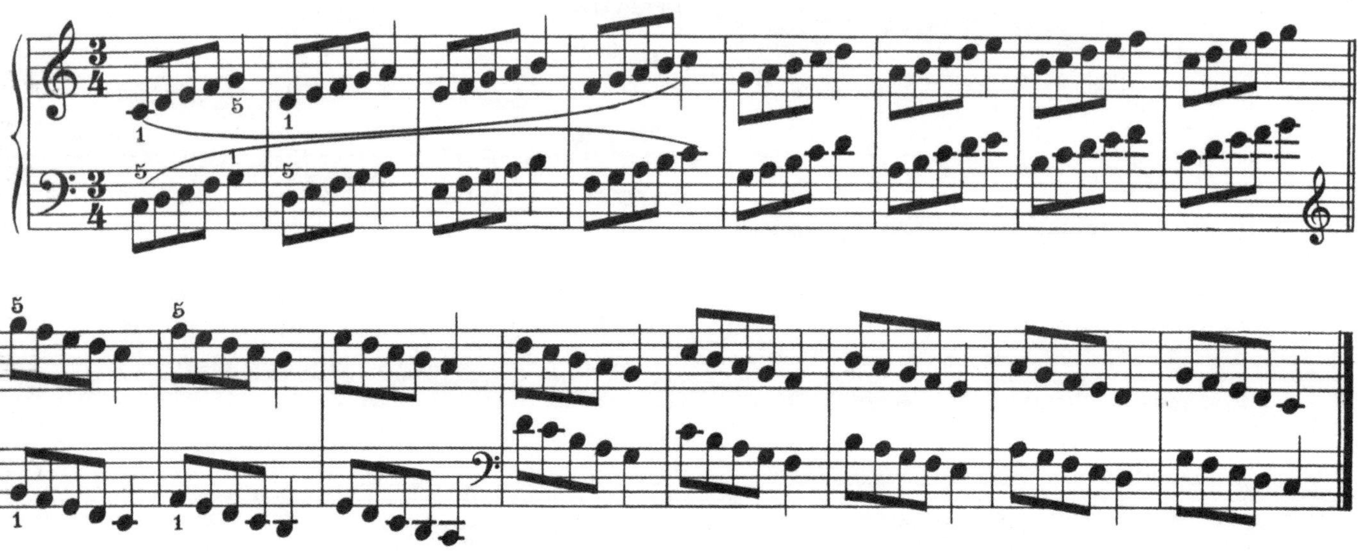

27.

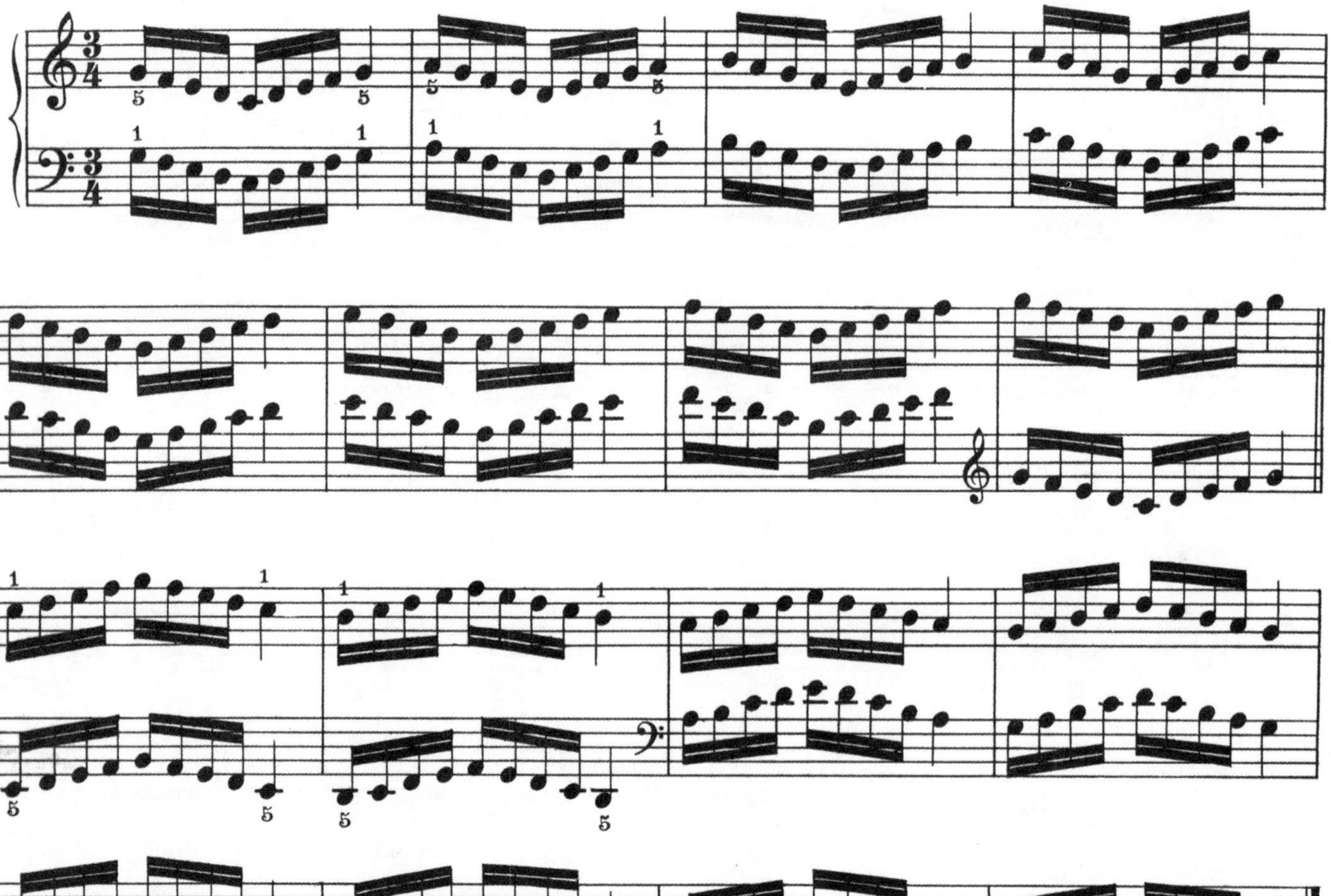

28.

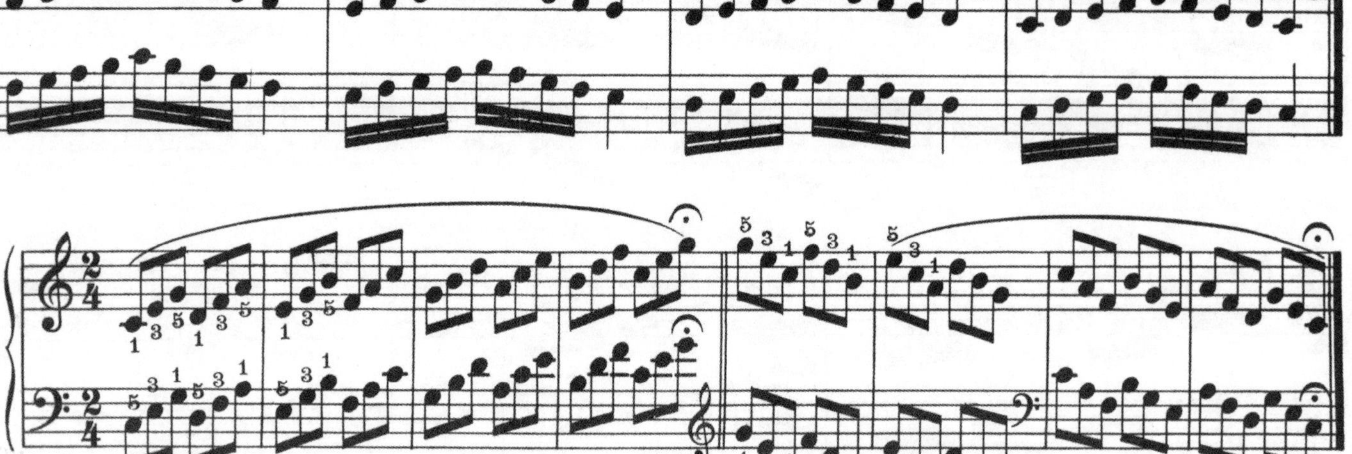

29.

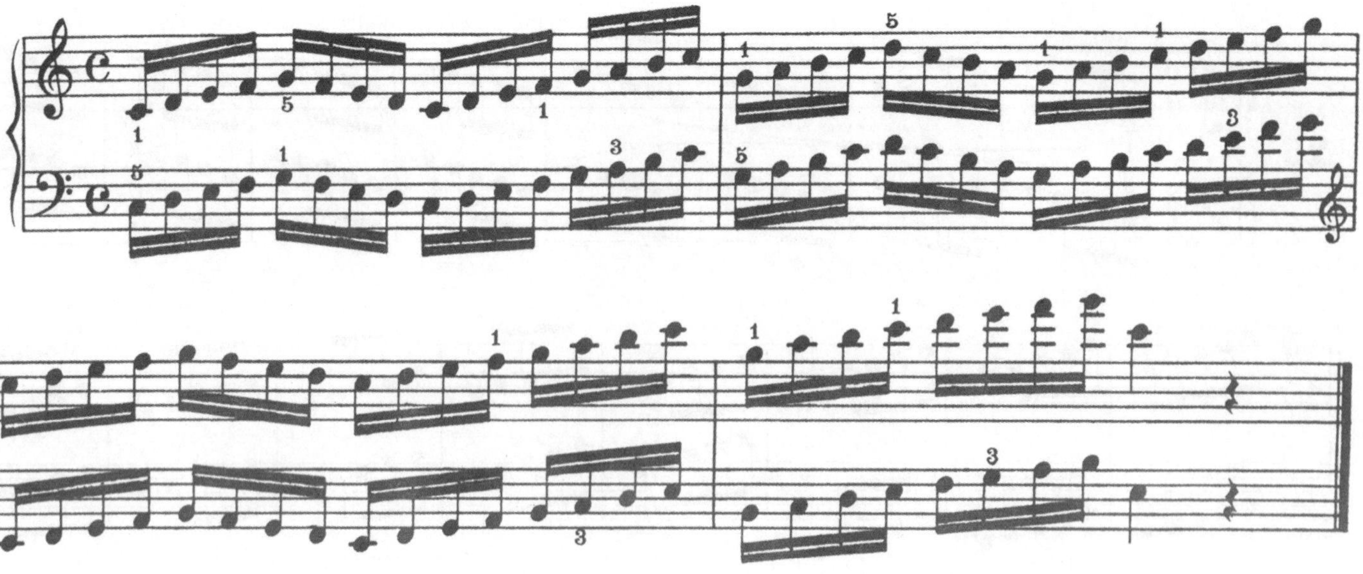

30.

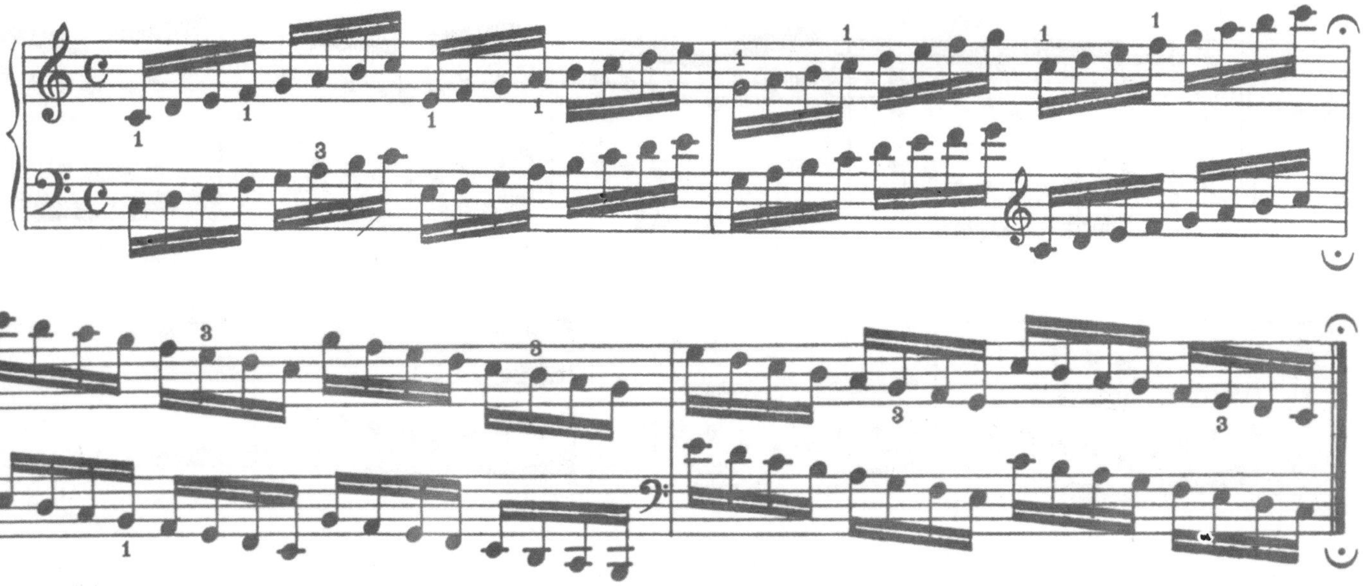

31.

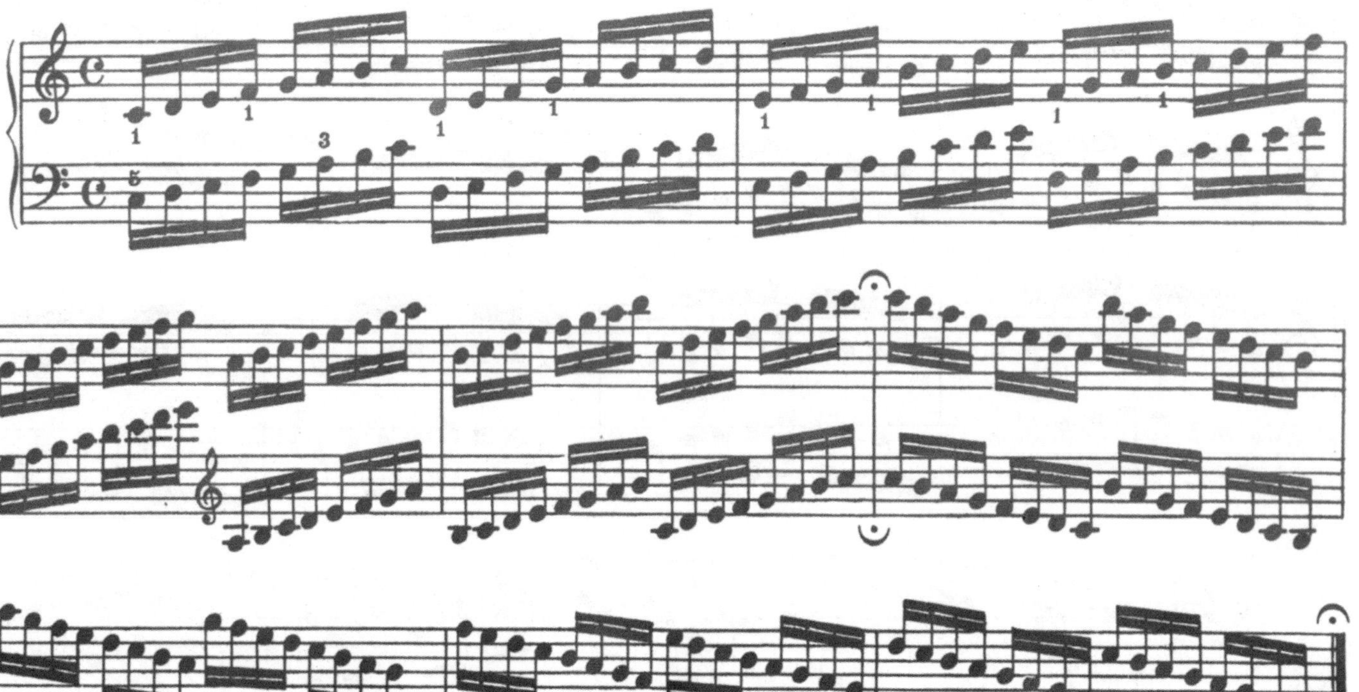

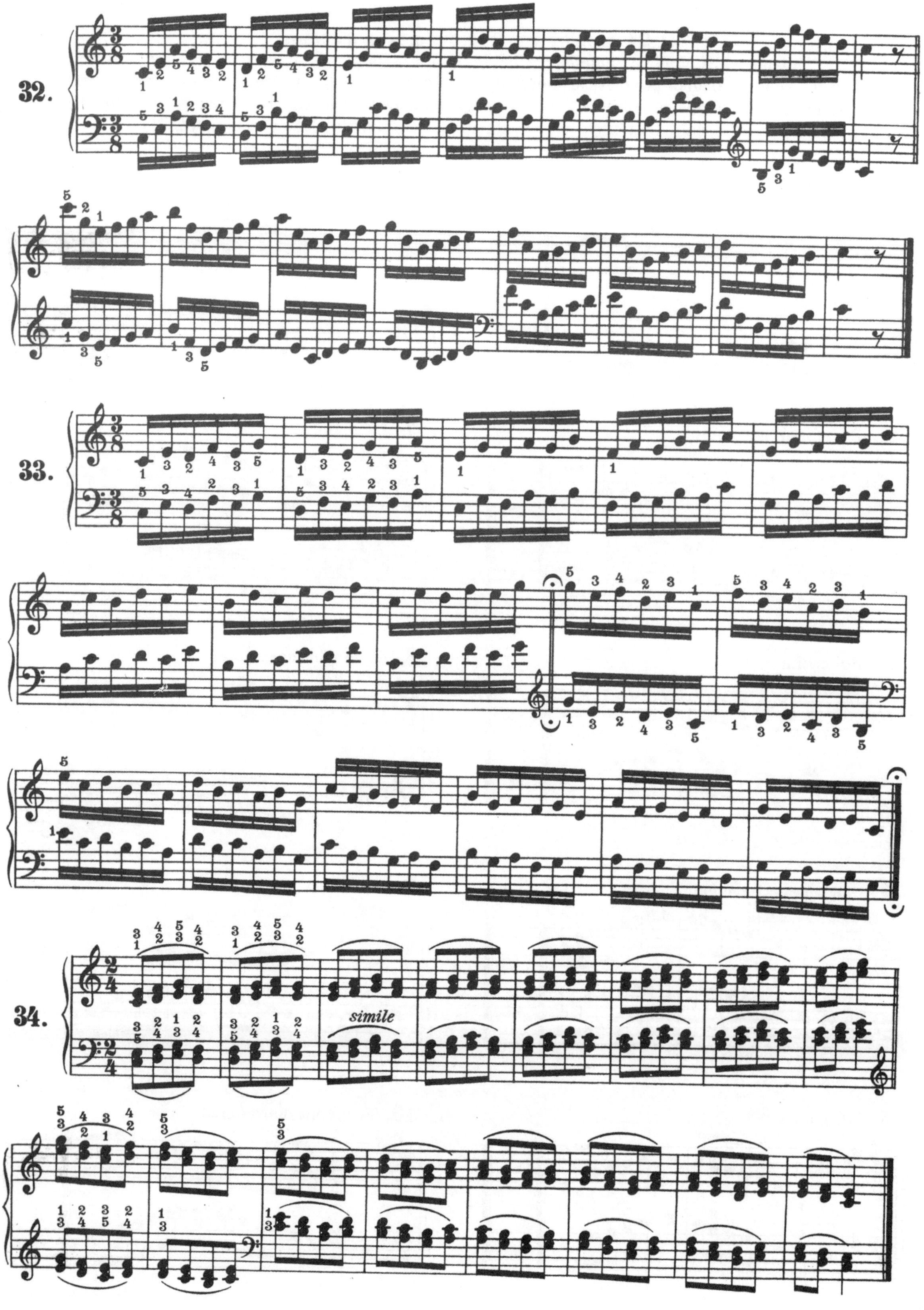
32.
33.
34.
simile

24 escalas em tons maiores e menores,

dispostas segundo a semelhança do dedilhado e para a comparação dos tons maiores e menores. (Escala é uma progressão definida, ascendente e descendente, de oito sons separados por intervalos de tonos e semitonos. Esta progressão que pode ser reproduzida em diferentes oitavas chama se escala Diatônica. A escala é de dois modos: Maior e menor).

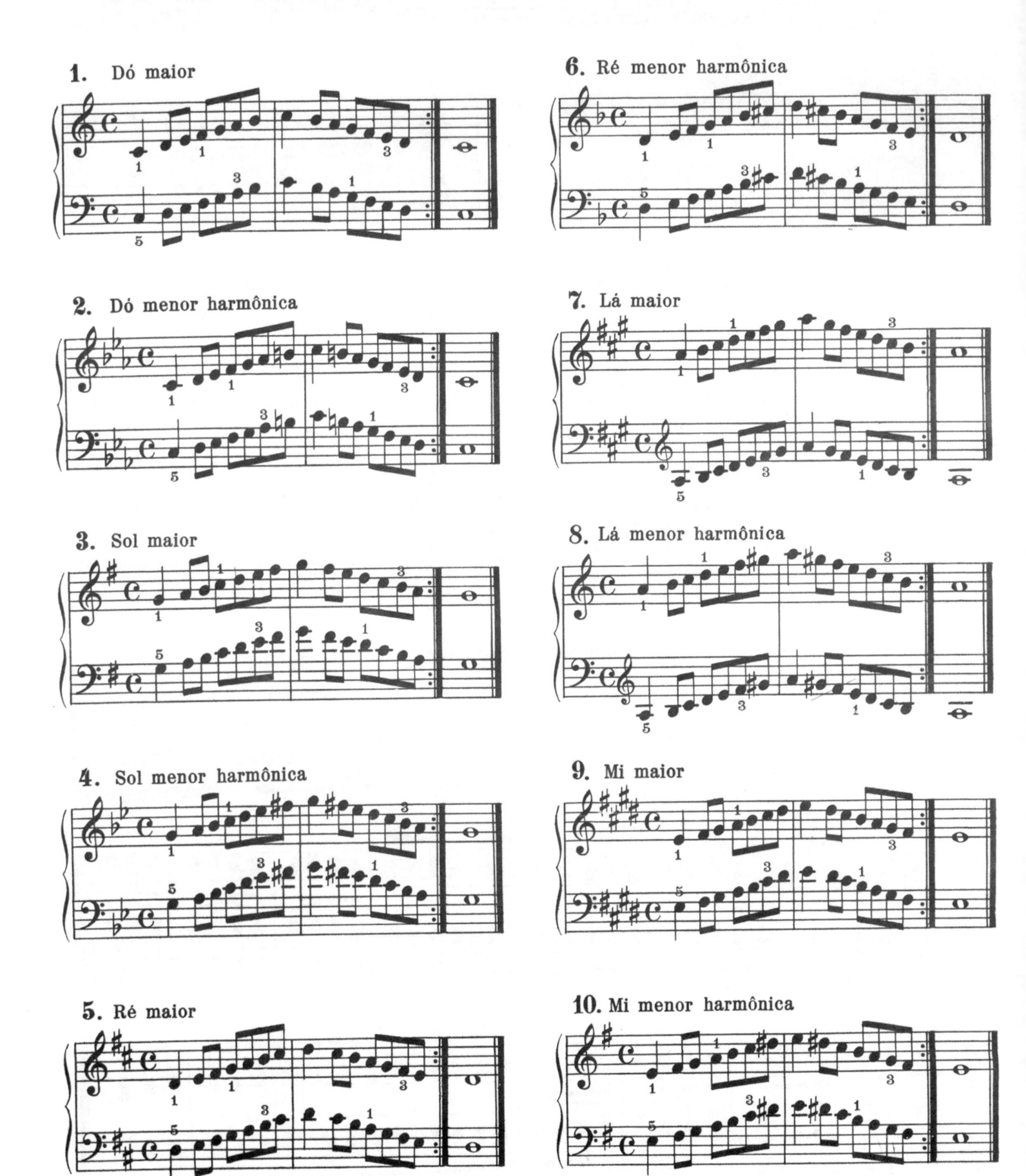

1. Dó maior

2. Dó menor harmônica

3. Sol maior

4. Sol menor harmônica

5. Ré maior

6. Ré menor harmônica

7. Lá maior

8. Lá menor harmônica

9. Mi maior

10. Mi menor harmônica

11. Si maior

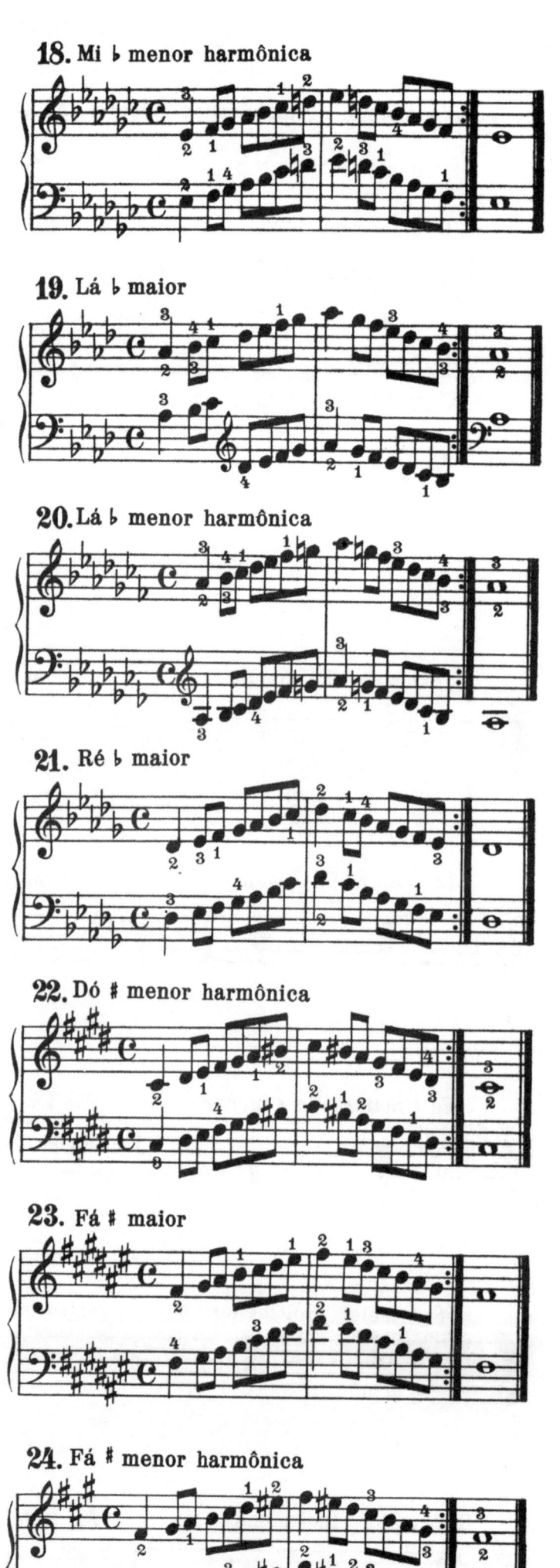

12. Si menor harmônica

13. Fá maior

14. Fá menor harmônica

15. Si♭ maior

16. Si♭ menor harmônica

17. Mi♭ maior

18. Mi♭ menor harmônica

19. Lá♭ maior

20. Lá♭ menor harmônica

21. Ré♭ maior

22. Dó# menor harmônica

23. Fá# maior

24. Fá# menor harmônica

Independentemente destas escalas menores, há ainda duas outras maneiras de executar.

Escala menor melódica.

I.

Escala menor mixta.

II. (ascendente é melodica e descendente é harmônica).

Ordem de todos os tons Maiores e Menores

Dó maior — Lá menor — Sol maior — Mi menor — Ré maior — Si menor

Lá maior — Fá # menor — Mi maior — Dó # menor — Si maior — Sol # menor

Fá # maior — Ré # menor — Dó # maior — Lá # menor — Fá maior — Ré menor

Si ♭ maior — Sol menor — Mi ♭ maior — Dó menor — Lá ♭ maior — Fá menor

Ré ♭ maior — Si ♭ menor — Sol ♭ maior — Mi ♭ menor — Dó ♭ maior — Lá ♭ menor